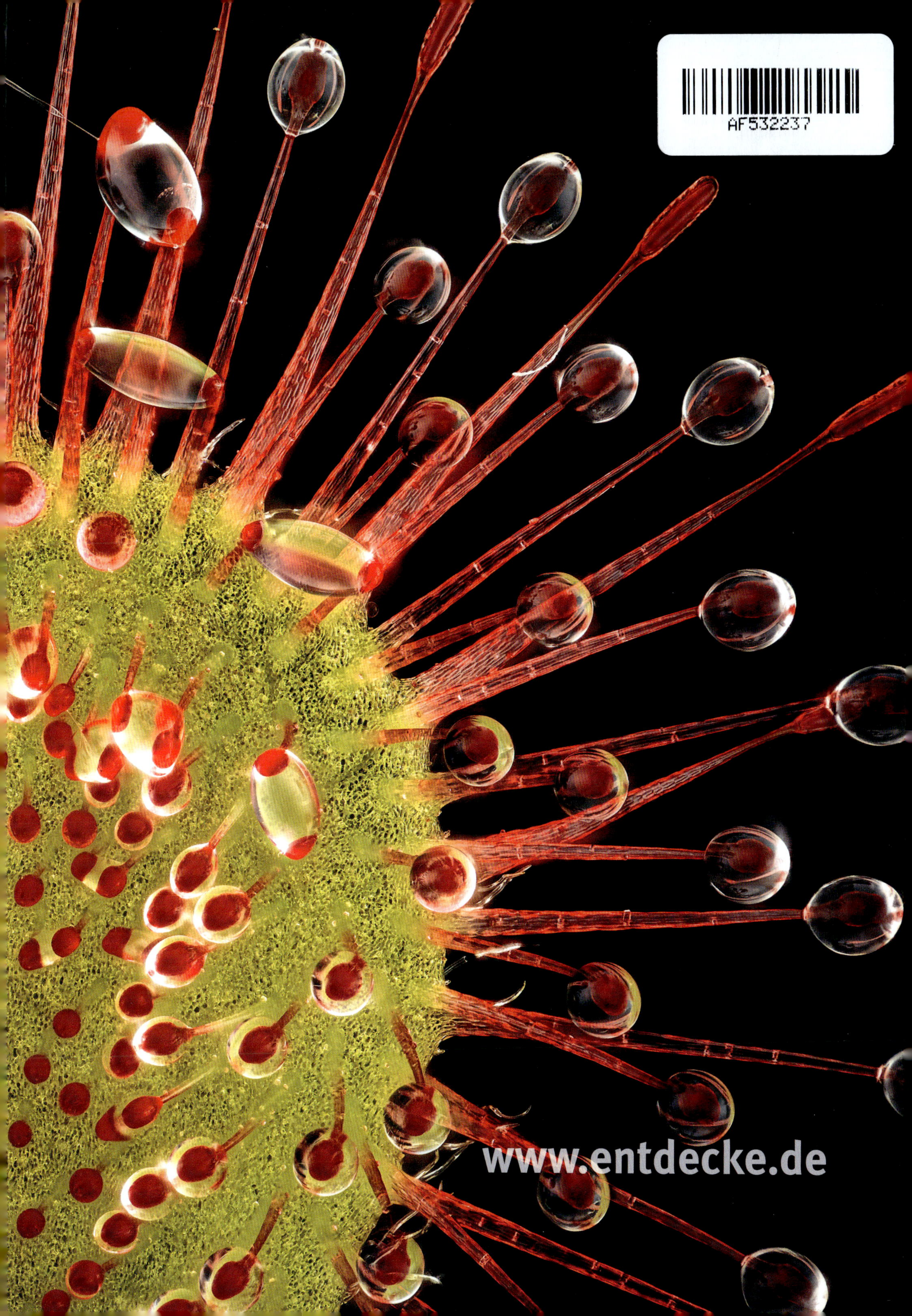
AF532237
www.entdecke.de

Entdecke
fleischfressende
Pflanzen
Kriton Kunz

Dank

Viele Personen haben zu diesem Buch überaus großzügig wunderbare Fotos, Literaturtipps und hilfreiche Anregungen beigesteuert: Dr. Wolfram Adlassnig, Dr. Frank Almeda, Prof. em. Dr. Wilhelm Barthlott, Dr. Ulrike Bauer, Dr. Holger Bohn, Dr. Vincent Bonhomme, Prof. Dr. Martin Dančák, Prof. Dr. Maximilian Dehling, Dr. Andreas Fleischmann, Dr. Peter W. Fritsch, Prof. Dr. Stanislav Gorb, Dr. Jens-Ove Heckel, Dr. Evan Hersh, Dr. Anil J. Johnson, Daniel Knop, Dr. Marianne Koller-Peroutka, Dr. Rajani Kurup, Dr. Weng Ngai Lam, Dr. Qianshi Lin, Prof. Dr. Xinghong Liu, Dennis Merbach, Dr. Jonathan Moran, Dr. Joachim Nerz, Dr. Klaus Rehfeld, Dr. Katja Rembold, Dr. Baby Sabulal, Dr. Michael Schöner, Dr. Rachel Schwallier, Dr. Kazuki Tagawa und Dr. Dagmar Voigt.
Dennis Merbach schaute über die Passagen zu Kannenpflanzen, Frau Dr. Dagmar Voigt las das gesamte Manuskript kritisch, beide gaben mir wertvolle Hinweise. Allen Genannten danke ich von Herzen!

3. Auflage 2025

ISBN: 978-3-86659-492-0

An der Kleimannbrücke 39/41
48157 Münster
Tel.: 0251-13339-0, Fax: 0251-13339-33
E-Mail: verlag@ms-verlag.de

Home: www.ms-verlag.de
Geschäftsführung: Matthias Schmidt
Layout: Isabell Büchter
Lektorat u. Bildredaktion: Kriton Kunz
Druck: Drusala, Dobrá

Titel: **Eine Venusfliegenfalle hat eine Fliege erbeutet**
Rückseite: **Manche fleischfressenden Pflanzen sind erstaunliche Partnerschaften mit Tieren eingegangen**

mauritius images
S.8 unten rechts: Werner Lang/imageBROKER
S.10/11: Helmut Hess/imageBROKER
S.34 oben rechts: Blickwinkel/Alamy
S.36 oben: Dorling Kindersley ltd/Alamy
S.39: Blumenfotos/Gillian Plummer
S.40: Gabbro/Alamy
S.43 unten links: Florapix/Alamy
S.49 unten links: Minden Pictures/Ch'ien Lee
S.50: Minden Pictures/Chien Lee
S.57 oben: Minden Pictures/Mark Moffett
S.61: Westend61/Dieter Heinemann

NPL
S.35: Chris Mattison

shutterstock
Titel: Kuttelvaserova Stuchelova
S.1: Little daisy
S.4 oben: Africa Studio
S.4 unten: ND700
S.7: Triff
S.8 unten links: anjahennern
S.9 unten: Lukas Uher
S.12 unten: Alex Popov
S.13 oben links: jeep2499
S.14 oben: flowerlife
S.15 unten: Kuttelvaserova Stuchelova
S.19 unten: JTKP
S.22 oben: Nahhana
S.22 Mitte: Luciana Tancredo
S.22 unten: JIANG TIANMU
S.23 Lupe: Dr. Norbert Lange
S.23 unten: D. Kucharski K. Kucharska
S.25 oben links: D. Kucharski K. Kucharska
S.25 oben rechts: Choksawatdikorn
S.25 unten: TuktaBaby
S.26/27: JENG BO YUAN
S.26 oben links u. Mitte: anjahennern
S. 26 oben rechts: EQRoy
S.27 oben links: zdenek_macat
S.27 oben Mitte: D.Somsup
S.27 oben rechts: RealityImages
S.28 oben: New Africa
S.28 unten: Nakornthai
S.29 unten links: Ralf Siemieniec
S.29 unten rechts: aLittleSilhouetto
S.30 oben: John Ceulemans
S.30 Mitte: Cathy Keifer
S.30 unten: Ernie Cooper
S.31 unten: Richard Peterson
S.33 unten: gotoole
S.34 oben links: Linas T
S.34 Mitte: Cathy Keifer
S.36 unten: Mara Fribus
S.37 oben: Chrispo
S.37 unten: Anna Hoychuk
S.38: Ana Vasileva
S.41 unten: Valt Ahyppo
S.42: Marek Durajczyk
S.52: kamnuan
S.54: Maksim Safaniuk
S.55: life_in_life
S.56 o links: Azami Adiputera
S.57 Mitte: Anest
S.59: jopelka
S.60: HollyHarry
S.62: Henrik Larsson
S.63: Ecuadorpostales
S.64: Rybnikova Olga

Sonstige:

Frank Almeda: S.6 oben
Wilhelm Barthlott, Universität Bonn: S.19 o., S.21 oben (2x), S.32 Lupe, S.49 unten rechts
Ulrike Bauer: S.18, S.41 oben
Holger Bohn: S.44 oben, S.47
Martin Dančák: S.6 unten (2x)
Maximilian Dehling: Rückseite, S.53 (3x)
Andreas Fleischmann: S.9 oben, S.13 oben rechts, S.14 Mitte, S.14 unten, S.20, S.21 unten, S.32 unten, S.33 oben
Stanislav Gorb: S.15 Lupe
Jan-Ove Heckel: S.14 Mitte rechts
Evan Hersh: S.5 unten
Daniel Knop: Vorsatz, S.2/3
Qianshi Lin: S.5 oben
Xinghong Liu: S.58 (2x)
Dennis Merbach: S.12 oben, S.16 (2x), S.44 (unten), S.45 (2x), S.46
Jonathan Moran: S.15 oben
Joachim Nerz: S.8 oben (2x), S.17
Weng Ngai Lam: S.48 (2x)
Katja Rembold: S.31 oben rechts
Michael Schöner: S.51
Rachel Schwallier: S.56 oben rechts, S.56 Mitte, S.56/57
Kazuki Tagawa: S.31 oben links
Dagmar Voigt: S.43 oben, S.43 unten rechts
Rajani Kurup, Anil J. Johnson und Sabulal Baby: S.13 unten
Marianne Koller-Peroutka und Wolfram Adlassnig: S.24

Inhaltsverzeichnis

Willkommen im Reich der fleischfressenden Pflanzen!

Hier ist eine Fliege in die Falle gegangen

Stell Dir vor, Du bahnst Dir staunend Deinen Weg durch das Pflanzendickicht eines tropischen Regenwaldes. Überall unbekannte, merkwürdige Bäume und Sträucher, durchzogen von Schlingpflanzen. Du richtest Deinen Blick nach oben, um die lustigen, neugierigen Äffchen zu beobachten. Daher bemerkst Du nicht, wie Du in die Falle tappst: Plötzlich schließen sich zwei riesige Blätter um Deinen Körper. Du versuchst mit aller Kraft, Dich daraus zu befreien, aber wie ein Gitter versperren Dir spitz auslaufende Fortsätze der Blattfalle den Ausweg ...

Diese für Menschen schreckliche Vorstellung entspringt zum Glück nur unserer Fantasie. Für kleine Tiere kann sie jedoch Realität werden: Manche Pflanzen fangen und verdauen tatsächlich Beute! Das ist ganz gegen unsere Erfahrung – wir sind es gewohnt, dass Tiere Pflanzen fressen, nicht umgekehrt.

Tatsächlich handelt es sich um eine Ausnahme: Nur etwa 800 bis 1 000 Pflanzenarten sind bekannt, die mehr oder weniger darauf angewiesen sind, tierische Beute zu machen – nicht gerade viel angesichts von über 300 000 Pflanzenarten, die weltweit existieren.

Die Venusfliegenfalle ist wohl die bekannteste fleischfressende Pflanze

Allerdings werden ständig neue fleischfressende Pflanzen entdeckt, manchmal sogar aus Familien, also Gruppen, aus denen Fleischfresser zuvor gar nicht bekannt waren. So fanden Wissenschaftler vor wenigen Jahren heraus, dass *Philcoxia* Fadenwürmer erbeutet, eine Pflanze aus Brasilien. Erst im Jahr 2021 entdeckten Forscher, dass eine Blütenpflanze namens *Triantha occidentalis* mit klebrigen Haaren am Blütenstiel kleine Insekten fängt, während größere sich befreien können – denn die braucht die Pflanze, um sich von ihnen bestäuben zu lassen und danach Samen wachsen zu lassen. Experten schrieben vor einiger Zeit: „Es könnte sein, dass wir von viel mehr mörderischen Pflanzen umgeben sind, als wir annehmen."

Im Jahr 2021 bemerkten Forscher, dass die Pflanze *Triantha occidentalis* kleine Insekten an ihren Blütenstielen fängt

Verblüffend ist überhaupt, dass es in verschiedenen, nicht miteinander verwandten Pflanzenfamilien fleischfressende Vertreter gibt. Pflanzen haben diese Methode, sich zu ernähren, im Lauf ihrer Entwicklungsgeschichte also mehrfach und unabhängig voneinander „erfunden" – offensichtlich eine erfolgreiche Strategie!

Noch immer entdecken Forscher neue fleischfressende Pflanzen, so wie hier Qianshi Lin im Jahr 2021 im Fall von *Triantha occidentalis*

Vor wenigen Jahren fanden Forscher heraus, dass die unscheinbare *Philcoxia*-Pflanze im feinen, weißen Sand Fadenwürmer erbeutet. Sicher warten noch weitere „mörderische Pflanzen" auf ihre Entdeckung!

Die unterschiedlichen Fallentypen der fleischfressenden Pflanzen möchten das clevere Eulchen Xabi und ich Dir in diesem Band der Entdecke-Reihe vorstellen. Wir schildern Dir, wie die Fallen funktionieren, warum bestimmte Pflanzen überhaupt Beute fangen, welche faszinierenden Lebensgemeinschaften mit anderen Tieren sie eingehen – und wir geben Dir Tipps, wie Du fleischfressende Pflanzen bei Dir zu Hause pflegen und beobachten kannst. Komm also mit auf eine spannende Reise durch die Welt fleischfressender Pflanzen!

Fleischfresser auf Latein

Manchmal findest Du in Büchern zum Thema „fleischfressende Pflanzen" oder auch in Gärtnereien den Begriff „Karnivoren". Er ist aus dem Lateinischen abgeleitet und bedeutet nichts anderes als „Fleischfresser".

Erst im Jahr 2022 wurde die Schamhafte Kannenpflanze beschrieben. Sie heißt so, weil sie Fangkannen auch unterhalb der Erdoberfläche ausbildet. Da dort kein Licht einfällt, sind die Kannen weiß. Hauptbeute der unterirdischen Fallen sind Ameisen.

Pflanzen brauchen Nährstoffe

Von Zimmerpflanzen kennst Du das: Einige Wochen oder Monate reichen die Nährstoffe aus, die in der Blumenerde im Topf vorhanden sind. Wenn sie jedoch verbraucht sind, beginnt die Pflanze zu kümmern und schließlich einzugehen. Spätestens dann ist es höchste Zeit, ihr neue Nährstoffe zu geben – das tun wir in Form von Dünger. Dünger ist also nichts anderes als Nährstoff für Pflanzen.

Mit Sonnenlicht als Energiequelle, dem Gas Kohlenstoffdioxid aus der Luft und Wasser können Pflanzen ihren Körper wachsen lassen und mit Energie versorgen

Was Pflanzen ausmacht

Mit Ausnahme der allerkältesten Zonen unseres Planeten haben Pflanzen die meisten Lebensräume der Erde erobert, vom lichtdurchfluteten Salzwasser der Meeresküsten über Flüsse, Seen und Tümpel bis hin zu tiefen Tälern und hohen Bergen. Möglich wurde ihnen dieser Erfolg durch einen fantastischen Trick: Im Gegensatz zu Tieren müssen sie nicht andere Lebewesen fressen, um sich zu ernähren. Ihre Lebenskraft schöpfen sie vielmehr aus dem Licht der Sonne. Wie aber schaffen sie das?

Grüne Landpflanzen und Algen besitzen in ihren Zellen winzige „Kraftwerke", die Chloroplasten. Darin verwandeln sie die Lichtstrahlung der Sonne in chemische Energie. Mithilfe dieser chemischen Energie bauen sie dann die energiearmen Stoffe Kohlenstoffdioxid (aus der Luft) und Wasser in energiereiche Verbindungen um, vor allem sogenannte Kohlenhydrate. Damit können sie ihren Pflanzenkörper wachsen lassen und mit Energie versorgen.

Allerdings benötigen Pflanzen zusätzlich noch Nährstoffe, vor allem Stickstoff, Phosphor und Kalium. Diese und viele weitere wie Eisen oder Mangan holen sie sich durch ihre Wurzeln aus dem Boden. Ohne solche Nährstoffe in der richtigen Menge sind sie nicht dazu in der Lage, auf Dauer zu wachsen und zu überleben.

Solch kahle Felshänge sind nährstoffarm und schwierig zu besiedeln. Manche Kannenpflanzen gedeihen hier jedoch.

Wenn Nährstoffe Mangelware sind

Normalerweise können Pflanzen in der Natur immer genügend Nährstoffe aus dem Boden gewinnen. Die Nährstoffe werden nämlich niemals nur aufgebraucht, sondern es kommen auch neue nach: Wenn das alte Laub zu Boden fällt oder wenn Pflanzen und Tiere absterben, werden sie von Tieren und von Organismen wie Bakterien und Pilzen zersetzt. Sie verwandeln sich letztendlich wieder in Erde, und darin sind dann erneut genügend Nährstoffe enthalten.

Nur wenige Pflanzen können auf nährstoffarmen Sandböden gedeihen – einige fleischfressende Arten wie dieser Sonnentau allerdings schon!

Karger Boden, kaum Nährstoffe? Für diese Kannenpflanzen auf den Seychellen kein Problem!

Allerdings gibt es Lebensräume auf unserer Erde, in denen Nährstoffe extrem knapp sind, vor allem Stickstoff. Dazu zählen Quellgebiete im Gebirge, Moore, manche Feuchtwiesen, Sandböden, Felsen, die zerklüfteten „Dächer“ sogenannter Tafelberge, Flussufer und Moospolster an Bäumen. Aus diesem Grund können dort nur ganz wenige Pflanzenarten gedeihen, nämlich allein solche, die an diese Bedingungen angepasst sind und damit zurechtkommen.

Genau in solch schwierigen, nährstoffarmen, aber meist hell von der Sonne beleuchteten und zumindest zeitweise nassen, andererseits oft regelmäßig von Feuern „ausgelichteten“ Lebensräumen haben bestimmte Pflanzen vor mindestens rund 85 Millionen Jahren begonnen, sich im Kampf ums Überleben einen entscheidenden Vorteil zu verschaffen: Sie besorgen sich den dringend benötigten Stickstoff und andere Nährstoffe einfach aus Tieren, die sie erbeuten!

Auf dem Foto unten siehst Du den Auyan-Tafelberg in Venezuela, das liegt in Südamerika. Auf seinem nassen „Dach“ gedeiht dieser Sumpfkrug.

Jede Menge Fallen

Um vor allem Insekten, aber auch andere Tierchen zu erbeuten, sie zu verdauen und die Nährstoffe daraus zu verwerten, mussten fleischfressende Pflanzen sich so einiges „einfallen“ lassen. Völlig verschieden funktionierende Fallentypen haben sie entwickelt. Viele davon ähneln verblüffend Fangvorrichtungen, die auch wir Menschen benutzen, wie Fallgruben, Reusen oder Klebefallen.

Erstaunlicherweise besitzen Pflanzen verschiedenster Größen Fallen, von Winzlingen mit nur wenigen Zentimetern Höhe bis hin zu eindrucksvollen, zig Meter langen Lianen.

„Ist mir schlecht!“

Substanzen, die manche Pflanzen am Fallenrand ausscheiden, betäuben Insekten allmählich, bis sie schließlich hinabfallen. Wissenschaftler berichteten sogar, dass sie selbst von diesen Duftstoffen Kopfschmerzen bekamen und ihnen schwindelig wurde, wenn sie längere Zeit an solchen Arten forschten.

Ob die Schwebfliege sich von der Schlauchpflanze überlisten lassen wird?

Die Kannen mancher Arten werden riesig!

Gleit- oder Fallgrubenfallen

Mit Fallgruben jagten Menschen schon in der Steinzeit. Dazu hoben sie zunächst eine große Grube aus. Mit Ästen und Laub deckten sie diese ab. Kam ein Tier wie etwa ein Mammut in die Nähe, trieben sie es in Richtung der Fallgrube. Einmal hineingestürzt, schaffte es die Beute nicht mehr heraus.

Pflanzen „erfanden" diese Methode aber schon viel früher. Das Prinzip ist dasselbe: Eine Beute plumpst in eine Falle hinein und kommt nicht mehr hinaus.

Diese Fangmethode haben verschiedene Pflanzengruppen unabhängig voneinander entwickelt. Die Fallen können Zisternen sein, also brunnenartige Wasseransammlungen in den eingerollten Blättern einer fleischfressenden Bromelie, besitzen jedoch meist die Form einer Kanne, eines Schlauchs oder einer Röhre.

Kannenpflanzen und Schlauchpflanzen nutzen eine sehr einfache, jedoch wirkungsvolle Fangtechnik

Besonders bekannt für diese Fangtechnik sind Kannenpflanzen und Schlauchpflanzen. Aber auch Arten wie der Zwergkrug, die Sumpfkrüge und die eindrucksvolle Kobralilie stellen auf diese Weise ihrer Beute nach. Zwar werden die Fangschläuche der Kobralilie und der Gelben Schlauchpflanze am größten: Einen Meter können sie senkrecht in die Höhe ragen. Mehr Inhalt fassen allerdings die Fallen beispielsweise der Rajah-Kannenpflanze: Bis zu vier Liter Gesamtvolumen einer Kanne sind möglich, wobei die Flüssigkeit an ihrem Grund immerhin bis zu zwei Liter ausmachen kann.

... erinnern die Fallen der Kobralilie. Sie können einen Meter groß werden!

An züngelnde Kobras ...

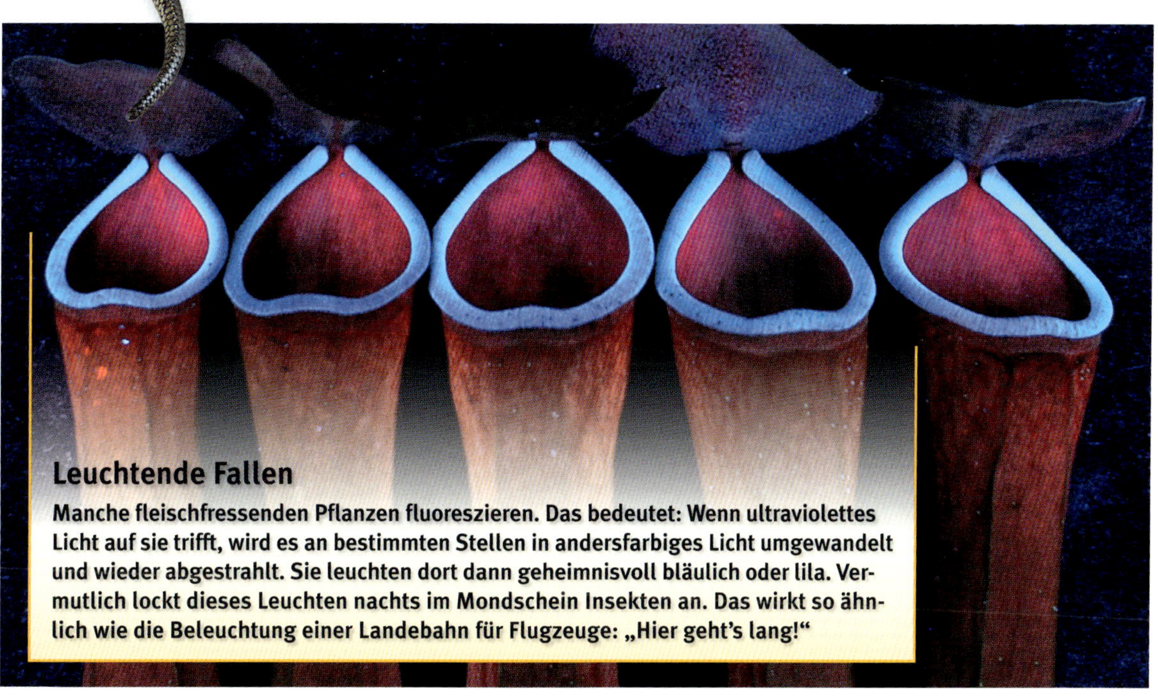

Leuchtende Fallen

Manche fleischfressenden Pflanzen fluoreszieren. Das bedeutet: Wenn ultraviolettes Licht auf sie trifft, wird es an bestimmten Stellen in andersfarbiges Licht umgewandelt und wieder abgestrahlt. Sie leuchten dort dann geheimnisvoll bläulich oder lila. Vermutlich lockt dieses Leuchten nachts im Mondschein Insekten an. Das wirkt so ähnlich wie die Beleuchtung einer Landebahn für Flugzeuge: „Hier geht's lang!"

Damit vor allem Insekten die Fangblätter überhaupt aufsuchen, locken solche Pflanzen sie mit verschiedenen Tricks an. So sind sie oft teilweise rot gefärbt. Insekten können Rot zwar nicht wie wir sehen, sondern nehmen es wohl eher wie Schwarz wahr, aber dadurch heben sich die Pflanzen deutlich vom Grün der anderen Blätter in ihrer Umgebung ab. Außerdem bieten die Pflanzen oben am Rand der Kannen leckeren Nektar an und verströmen das Gas Kohlendioxid oder andere Düfte, von denen sich Insekten angezogen fühlen. Einige haben an ihrem Rand oder an der Innenseite Stellen, die im ultravioletten Lichtbereich zu sehen sind – wir Menschen können diese Muster nicht wahrnehmen, sehr wohl aber Insekten, für die sie wohl so eine Art „Leuchtreklame“ darstellen.

Verschiedene Tricks wie die „Gitterzähne“ dieser Hamata-Kannenpflanze sorgen dafür, dass einmal gefangene Beute nicht mehr entkommen kann

Auch die nach innen ragenden „Zähne“ am Rand dieses Zwergkrugs lassen einmal hineingestürzte Beutetiere nicht mehr hinaus, ...

... so wie die überhängenden Spitzen des Gitters dieses Zoogeheges bewirken sollen, dass die darin gehaltenen Tiger nicht entkommen

Das Rot einer solchen Gruppe fleischfressender Pflanzen und ihr Duft locken Insekten unwiderstehlich an

Ist die Beute erst einmal auf der Pflanze gelandet, sorgen je nach Art verschiedene Vorrichtungen dafür, dass sie immer tiefer in die Fangröhre hineinkrabbelt oder gleich hinabpurzelt – und nicht mehr herausgelangen kann. Es fängt schon damit an, dass der Rand der Kannen überhängt und dadurch den Ausweg für hineingefallene Beute versperrt. Bei einigen Arten locken Drüsen mit Nektar Insekten weiter in die Falle hinein. Abwärts gerichtete Zähne am Fallenrand sowie Härchen oder ähnliche Strukturen in der Fangröhre bewirken, dass das Insekt immer nur weiter nach unten krabbeln kann, nicht aber wieder nach oben. Außerdem ist der Kannenrand oft enorm feucht und glitschig – teils durch Regen, aber auch durch Nektar, den die Pflanze hier produziert. Die spezielle Oberfläche sorgt dann dafür, dass die Feuchtigkeit gehalten wird, sodass Beute darauf ausrutscht. Auf Zonen im Inneren der Kanne, die mit einer Wachsschicht überzogen sind, verliert die Beute ebenfalls den Halt, gleitet aus und fällt hinab.

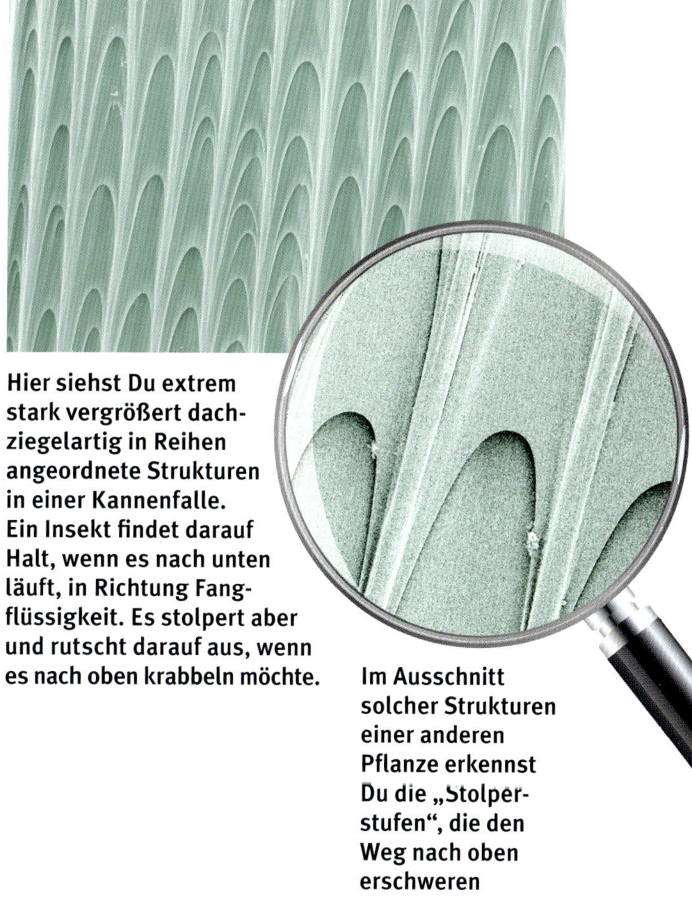

Hier siehst Du extrem stark vergrößert dachziegelartig in Reihen angeordnete Strukturen in einer Kannenfalle. Ein Insekt findet darauf Halt, wenn es nach unten läuft, in Richtung Fangflüssigkeit. Es stolpert aber und rutscht darauf aus, wenn es nach oben krabbeln möchte.

Im Ausschnitt solcher Strukturen einer anderen Pflanze erkennst Du die „Stolperstufen“, die den Weg nach oben erschweren

Manche Kannenpflanzen werden in Gärtnereien angeboten. An ihnen kannst Du beobachten, welche Tricks sie nutzen, um Beute zu machen.

Termitenkundschafter haben ihre Kolonne zu einer Weißrand-Kannenpflanze geführt. Dort ernten sie die nahrhaften, hellen Härchen.

Während viele Pflanzen mit solchen Fallen vor allem Ameisen und ganz verschiedene andere Insekten fangen, hat die Weißrand-Kannenpflanze eine „Lieblingsbeute“: Stoßen Kundschafter bestimmter Termiten auf sie, holen sie ganz begeistert die ganze Kolonne nach. Der weiße Kannenrand besteht nämlich aus leckeren, nahrhaften Pflanzenhärchen! Bald drängen sich immer mehr Termiten am schmalen Kannenrand, rutschen ab, stoßen sich gegenseitig in die Falle. Nach höchstens einer Stunde sind die Haare abgefressen – und die Kanne ist bis kurz unter den Rand mit Termiten gefüllt – bis zu 6 000 diese Insekten in einer einzigen, kaum mehr als fingerlangen Kanne fanden Forscher schon! Die Haare wachsen nicht nach, aber die Pflanze hat nun genug Nährstoffe, um viele weitere Fallen zu entwickeln.

Allerdings bezahlen dafür unzählige Termiten mit ihrem Leben, wie Du hier an einer geöffneten Kanne siehst

Teilweise bildet ein und dieselbe Pflanze zwei verschiedene Fallentypen aus, die sich in der Färbung und in Einzelheiten ihrer Fangvorrichtungen unterscheiden. Diese beiden Fallentypen locken unterschiedliche Arten von Beute an: In am Boden liegende Fallen tappen vor allem Ameisen, in die Luftfallen derselben Pflanze gehen vor allem Fluginsekten. Das liegt daran, dass die Luftfallen viel mehr Stoffe absondern, die dem Duft von Blüten ähneln – klar, dass sich davon blütenbesuchende Insekten täuschen lassen. Insgesamt können solche Arten damit mehr Beute anlocken und fangen. Bei Raffles' Kannenpflanze etwa fanden Wissenschaftler Gliedertiere aus 63 unterschiedlichen Familien, also verschiedenen Gruppen.

Trügerische „Fenster"

Durchsichtige Stellen im Deckel, der die Falle oft überdacht, lassen Fluginsekten dagegenfliegen: Sie glauben, dort öffne sich ihnen der Weg nach draußen – aber sie prallen daran ab und stürzen in die Falle. Bei einer Art ist sogar die ganze Rückwand sehr lichtdurchlässig.

Je nach Größe der Fallen einer solchen Pflanzenart kann sie nicht nur kleine oder größere wirbellose Tiere wie Ameisen, Termiten, Fliegen, Mücken, Bienen, Käfer, Schmetterlinge, Spinnen oder Skorpione fangen. Sehr großen Arten gehen ganz selten sogar Frösche, Echsen, kleine Säugetiere wie Mäuse, Spitzmäuse oder junge Ratten und sogar kleine Vögel in die Falle. Allerdings passiert das wohl nur als extrem seltener Unfall. So eine große Beute zu verdauen, könnte außerdem schwierig sein. Wenn sie in der Falle einfach verfault, stirbt das betreffende Fangblatt wahrscheinlich sogar. In Einzelfällen konnten Forscher jedoch auch schon beobachten, dass kleine Säugetiere wie eine Spitzmaus nach und nach verdaut wurden.

Zudem fanden Wissenschaftler heraus, dass zu einer bestimmten Jahreszeit in einer Region Kanadas Salamander in jeder fünften Roten Schlauchpflanze zu finden sind. Manche Fallen enthielten sogar gleich mehrere Salamander. Möglicherweise bilden solche Wirbeltiere zumindest bei dieser Art einen festen Bestandteil der Speisekarte.

Dieser Jungferngecko ging einer Kannenpflanze in die Falle

Manche Arten besitzen oben völlig unbedeckte Fangblätter, zum Beispiel die riesigen Fallen von Attenboroughs Kannenpflanze. Aber dann kann es natürlich passieren, dass heftige Regenfälle die Verdauungsflüssigkeit (dazu später mehr) sehr stark verdünnen und dabei sogar die Beute hinausschwemmen. Um das zu verhindern, sind die Fallen vieler Arten mit einem speziellen Deckel überdacht.

Die Schlanke Kannenpflanze in Südostasien bietet vor allem Ameisen an der Unterseite ihres Deckels Nektar an. Diese Unterseite ist durch ganz besondere Wachskristalle glatt, aber nur so weit, dass die Ameisenkundschafter gerade noch darauf laufen können. Da es dort leckeren Nektar gibt, eilen sie rasch zurück zum Nest und „sagen Bescheid", sodass auch ihre Nestgenossinnen zur Nahrungsquelle kommen. Fallen aber nun Regentropfen auf den Kannendeckel, können die Ameisen sich nicht mehr an der glatten Unterseite des Deckels festhalten und stürzen in die Kanne. Der Regen „klopft" also sozusagen die Beute in die Fallen.

Prasselt Regen auf den Deckel der Schlanken Kannenpflanze, werden Ameisen dadurch regelrecht in die Falle „geklopft"

Aber was passiert überhaupt, wenn eine Beute in die Falle gegangen ist? Sie plumpst in die schon erwähnte Flüssigkeit unten im Fangblatt. In vielen Fällen ist diese so zähflüssig, dass sie die Beute fast wie Leim festhält. Das funktioniert sogar dann noch, wenn sie durch Regen verdünnt wurde – solche Pflanzen nutzen also eine Kombination aus Fallgruben- und Klebefalle.

Je nach Art bildet die Pflanze selbst Substanzen, die in der Flüssigkeit zunächst den harten Chitinpanzer der gefangenen Insekten auflösen und sie dann verdauen. Oder aber bestimmte Bakterien besorgen das für sie, so ähnlich wie im Magen-Darm-Trakt von Pflanzenfressern wie Kühen. Auch Bewohner der Kannen, die nicht verdaut werden, helfen beim Verwerten der Nahrung – dazu später mehr.

Schneidet man ein Fallgruben-Fangblatt der Länge nach auf, kann man oft Überreste vieler Beutetiere finden

Übrigens dienen die Fallen zumindest bei einigen Arten nicht allein dazu, tierische Beute zu machen. So lebt die Ampullen-Kannenpflanze unter dem Kronendach des Waldes. Dort breitet sie einen ganzen Teppich ihrer Kannen aus, um herabfallendes Laub aufzufangen. Forscher fanden heraus, dass sie daraus mehr Nährstoffe gewinnt als aus erbeuteten Tieren. Bei ihr handelt es sich also um einen „Allesfresser“.

Beute in der Fangflüssigkeit wird allmählich verdaut

Hier wurde eine Reusenfalle ausgegraben, um ihre Fallen zu zeigen, die Y-förmigen Verzweigungen, die normalerweise in die Erde ragen

Reusenfallen

Die Pflanzen, die Eulchen Xabi und ich Dir nun vorstellen möchten, heißen genau wie der Fallentyp, den sie benutzen: Reusenfallen! Sie wachsen in Afrika, Madagaskar, Mittel- und Südamerika.

Das Besondere an diesen kleinen Pflanzen sind die unterirdischen Reusenblätter, die von ihrem Wurzelstock gebildet werden und in die sehr feuchte Erde ragen, in der diese Pflanzen meist wachsen. Sie sehen jedoch nicht wie normale Blätter aus, sondern beginnen als dünner, weißer Stiel. Dieser ist an einer Stelle zu einer kleinen Blase verdickt und verläuft von dort aus hohl weiter. Dann verzweigen sich die Reusenblätter zu zwei spiralförmig verdrehten Abschnitten, wie ein auf den Kopf gestelltes Y. Durch schmale, schlitzförmige Öffnungen an diesen korkenzieherähnlichen Ärmchen gelangt die Beute in den hohlen Stiel. Härchen, die allesamt in Richtung zum blasenförmigen Abschnitt zeigen, bewirken, dass die Beute sich nur in diese Richtung weiterbewegen kann. In der Blase angekommen, wird sie durch Verdauungssäfte zersetzt.

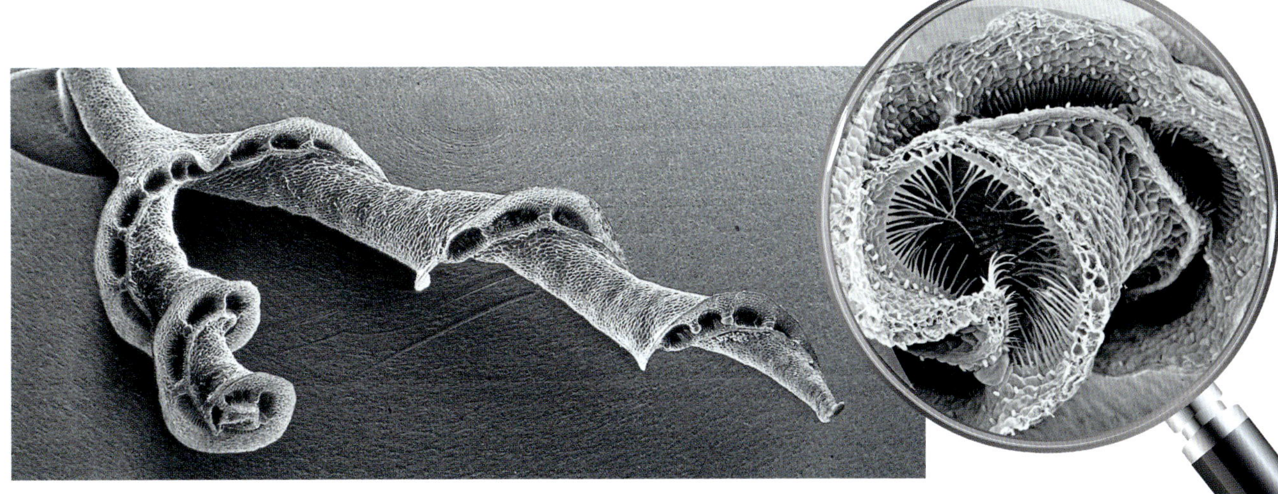

Unter dem Elektronenmikroskop siehst Du die die vielen Eingänge, die in die Falle führen

Bei noch stärkerer Vergrößerung sind die Härchen zu erkennen, die Beute in die Reusenfalle hineinlassen, aber nicht wieder heraus

Auf diese Weise fangen Reusenblätter Bakterien, einzellige Lebewesen wie Wimpertierchen, aber auch größere Arten wie Rädertierchen, Bärtierchen, Faden- und Strudelwürmer, Ringelwürmchen, Krebstierchen wie Hüpferlinge, Milben und außerdem winzige Algen – Reusenfallen ernähren sich also ebenfalls zumindest zum Teil als „Allesfresser".

Beim Fang machen es sich diese Pflanzen zunutze, dass solche Kleinstlebewesen ohnehin gerne in schmale Spalten ihres unterirdischen Lebensraum schlüpfen. Sie sondern jedoch auch Stoffe ab, die zumindest auf einige Beutetierarten anlockend wirken, zum Beispiel auf die winzigen Hüpferling-Krebschen.

Über Reusenfallen verfügen auch die kleinen Lebermoose *Colura* und *Pleurozia*, die zumeist auf anderen Pflanzen gedeihen. Ihre Blätter bilden wassergefüllte Kammern aus. Eine Klappe darin geht nur nach innen auf – ist also eine Beute erst einmal hineingelangt, hat sie keine Chance, wieder herauszukommen. Die Moose fangen auf diese Weise vor allem winzige Einzeller. Wenn diese in den Fallen sterben, werden sie wahrscheinlich mithilfe von Bakterien zersetzt. Die Nährstoffe kann das Moos dann wohl aufnehmen.

Rein, aber nicht mehr raus!

Reusen benutzt der Mensch seit Urzeiten, um Tiere zu fangen, vor allem Krebse, Fische und Vögel. Ein Reuse funktioniert so: Tiere können zwar in eine Art Käfig hineingelangen, aber der Rückweg ist ihnen versperrt.

Nach unten gerichtete Strukturen wie die Härchen in diesen Sumpfkrügen funktionieren ebenfalls wie eine Reuse, denn auch sie verhindern, dass Beute wieder entkommt

Mit etwas Glück kannst Du die gelben Blüten des Gewöhnlichen Wasserschlauchs finden

Saugfallen

Viele im Wasser lebende Tiere überraschen ihre ahnungslose Beute, indem sie diese blitzschnell und unerwartet einsaugen. Wenn etwa ein Anglerfisch sein Maul aufreißt, entsteht darin in Bruchteilen von Sekunden ein Unterdruck. Dadurch wird das Wasser direkt vor seinen Kiefern in den Rachen gesaugt, samt allem, was darin schwimmt.

Eine ganz ähnliche Taktik haben die Wasserschläuche entwickelt – und zwar sehr erfolgreich, denn immerhin gibt es davon rund 230 bis 250 Arten, die fast weltweit verbreitet sind. Der Großteil davon lebt an Land, aber gewöhnlich auf sehr nassen Böden, meist direkt am Wasser. Weitere Arten gedeihen im Wasser selbst, wieder andere wachsen auf Steinen oder auf anderen Pflanzen, vor allem auf den Ästen von Bäumen oder an moosbewachsenen Baumstämmen. Sie besitzen keine echten Wurzeln, aber dafür teils einen sogenannten Wurzelstock, mit dem sie sich am Untergrund festhalten können.

Viele Wasserschläuche wachsen auf anderen Pflanzen oder an Felsen, so wie hier der Quelchi-Wasserschlauch mit seiner wundervollen Blüte. Er gedeiht auf Tafelbergen in Venezuela in Südamerika.

Die meisten Arten der Wasserschläuche bleiben recht klein, nur wenige werden über einen Meter groß. Der Gemeine Wasserschlauch kann sogar zweieinhalb Meter Länge erreichen.

Ohne Wurzeln treibt der Gewöhnliche Wasserschlauch im freien Wasser

Die Fallen der Wasserschläuche werden je nach Art von unterschiedlichen Organen der Pflanze gebildet, teils direkt an den Seitensprossen, teils am Wurzelstock, teils an den Blättern, teils an mehreren Organen zugleich. Bei an Land wachsenden Arten liegen die Organe mit den Fallen dem Boden auf oder wachsen unterirdisch, sind aber zumindest in bestimmten Zeiten des Jahres von Wasser benetzt – sonst könnten die Fallen nicht funktionieren. Insbesondere verzweigte Anhänge an der Blase sorgen dafür, dass wenigstens unmittelbar davor eine kleine Wasserblase festgehalten wird.

Bei kleinen Arten sind die Fallen entsprechend winzig. Manche Wasserschläuche bilden unterschiedlich große Fallen. Fallen im Wasser lebender Arten messen meist etwa 0,2 bis 6 Millimeter. Damit sind sie gewöhnlich größer als Fallen solcher Arten, die auf Bäumen wachsen. Eine Ausnahme ist Humboldts Wasserschlauch, dessen größte Fallen bis zu 1,5 Zentimeter Durchmesser erreichen können.

Gegenseitige Fütterung

Zumindest manche Wasserschläuche, in deren Fangblasen Bakteriengemeinschaften leben, „füttern“ diese sogar mit Kohlenstoff aus ihrer Fotosynthese. Dafür erhalten sie von ihren Untermietern andere lebenswichtige Stoffe.

Bei den Fallen der Wasserschläuche handelt es sich um Fangblasen, und die funktionieren so: Die Pflanze baut darin einen Unterdruck auf, indem Drüsen Wasser aus der Falle herauspumpen. Dadurch werden die Wände der Blase nach innen gedrückt – das kannst Du auch mal versuchen: Umschließe die Öffnung einer kleinen PET-Flasche komplett mit dem Mund und trinke allmählich daraus – ihre Wände werden sich dann nach innen ausbeulen. Nach außen hin verschlossen ist die Blase der Wasserschläuche mithilfe von Schleim wasserdicht durch eine Klappe, eine Art Falltür.

Hier siehst Du die Fallen eines Wasserschlauchs

Unter der Lupe sind sie besser zu erkennen

Wissenschaftliche Namen

Auf der Welt gibt es so viele Lebewesen und so viele verschiedene Sprachen – wie soll da jemand in Deutschland verstehen, welche Art genau ein Chinese meint und umgekehrt?
Biologen, also diejenigen Wissenschaftler, die Lebewesen erforschen, wenden daher einen genialen Trick an: Sie bezeichnen jedes Lebewesen mit einem zweiteiligen Namen, der latinisiert ist, also ins Lateinische übertragen. Der erste Name wird immer groß geschrieben, der zweite klein. Und beide kursiv, also schräg. Du kennst das sicher von Dinosauriern wie *Tyrannosaurus rex*.
Diese wissenschaftlichen Namen sind auf der ganzen Welt gleich. So weiß ein afrikanischer Wissenschaftler oder Pflanzenfreund ebenso gut wie ein australischer, dass *Dionaea muscipula* die Venusfliegenfalle ist. Und wenn es keinen Namen in der Landessprache gibt, dann verwendet man einfach nur den wissenschaftlichen Namen – so teils auch in diesem Buch.

Die Pflanze lockt nun mögliche Beutetiere wie winzige Krebschen durch Duftstoffe an. Auch Algen, die auf dem Wasserschlauch wachsen, wirken als Köder für kleine Tiere, die sie fressen wollen. Außerdem besitzen viele im Wasser lebende Arten vor der Falle Anhänge, die ähnlich wie ein Trichter die Beute direkt auf die Falltür zuleiten. Und schließlich erinnern die Fallen in ihrer Form und mit ihren Anhängen oft an winzige Krebstierchen wie Hüpferlinge und Wasserflöhe, die sich von den vermeintlichen Artgenossen angezogen fühlen.

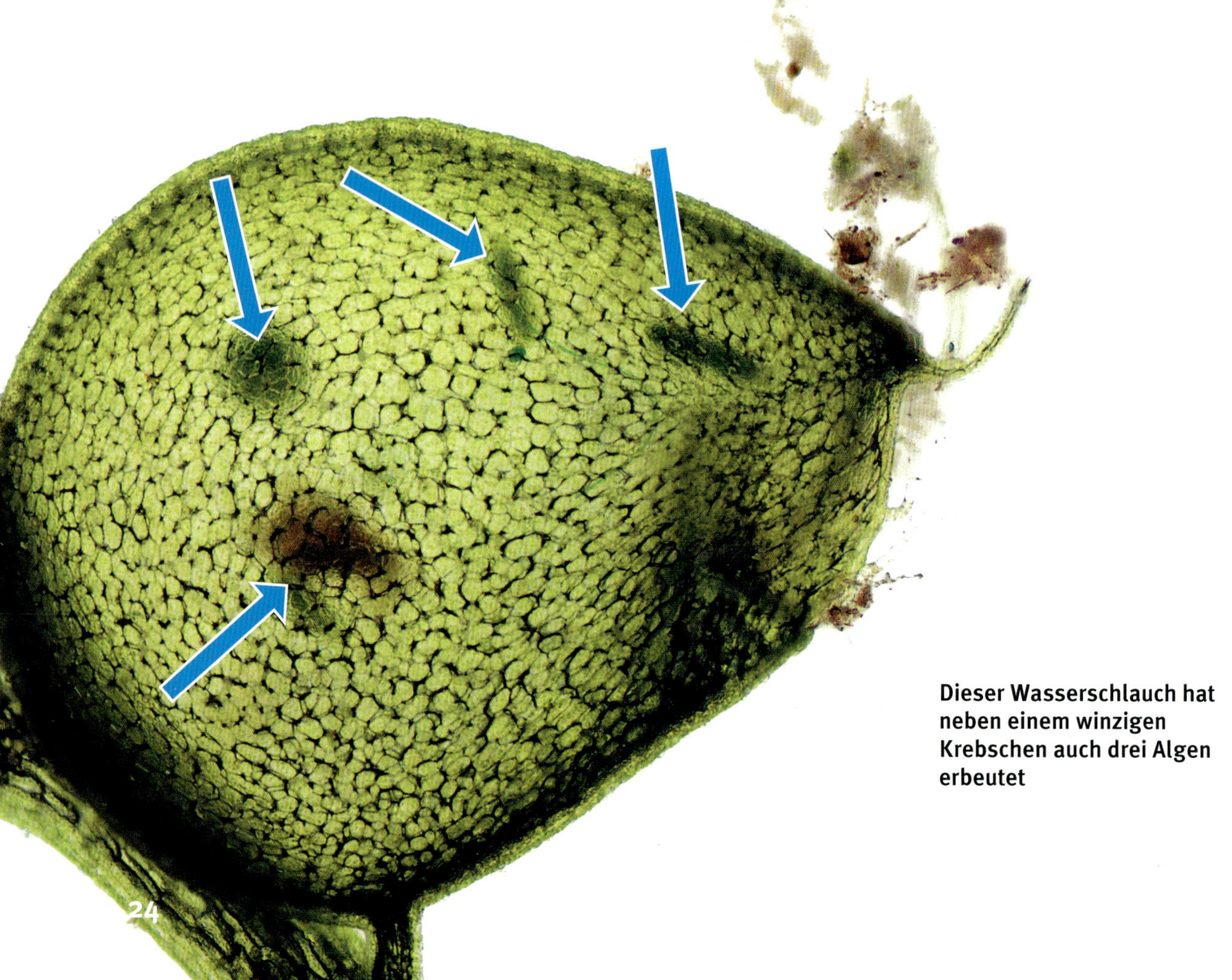

Dieser Wasserschlauch hat neben einem winzigen Krebschen auch drei Algen erbeutet

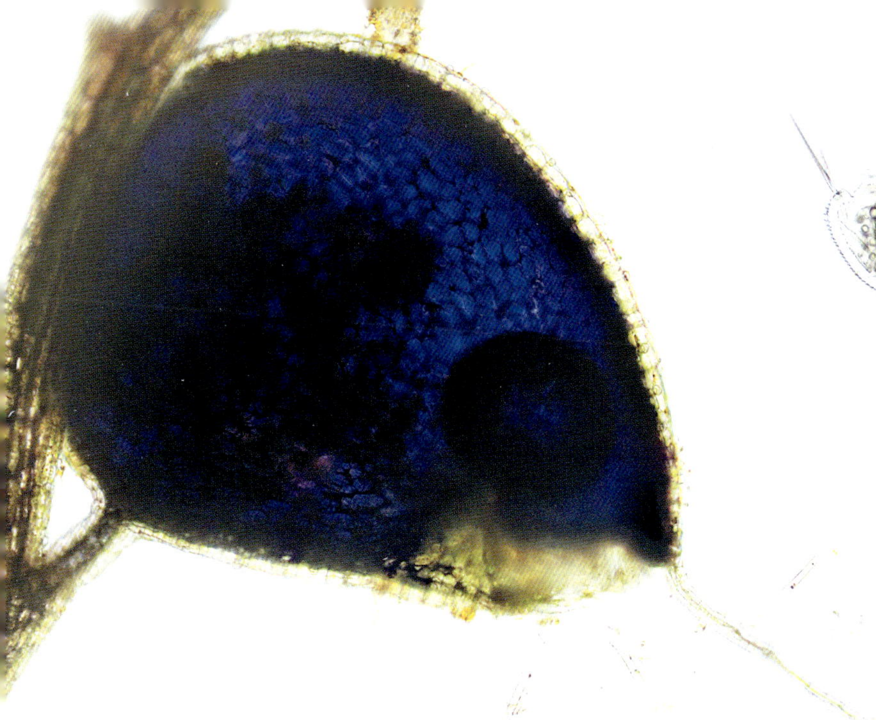

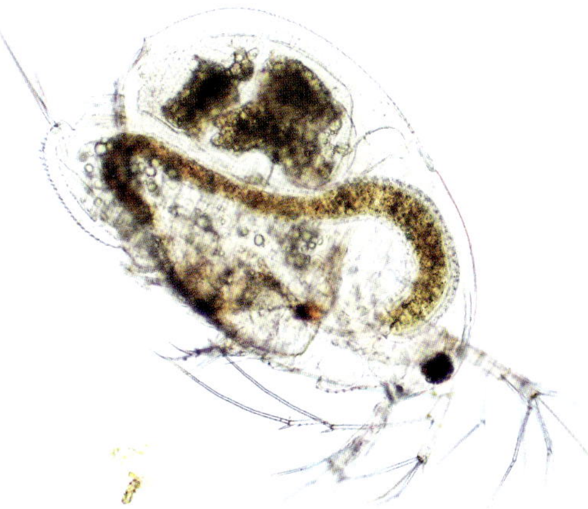

Ähnelt die Form der Falle des Wasserschlauchs nicht sehr derjenigen eines Wasserflohs? Vielleicht ist das Zufall, aber eventuell spielt es auch eine Rolle dabei, Wasserflöhe als Beute anzulocken.

Berührt ein Tierchen feine Härchen, die bei vielen Arten an der Klappe der Falle sitzen, so öffnet sich diese blitzschnell – nur zwei Tausendstel einer Sekunde dauert es, bis sie sich geöffnet und wieder geschlossen hat. Zum Öffnen der Falltür allein braucht es sogar nur die Hälfte des Tausendstels einer Sekunde! Eine schnellere Bewegung ist von Pflanzen nicht bekannt, die Wasserschläuche sind hier also die Rekordhalter. Bei Arten ohne solche Härchen sorgen andere Strukturen dafür, dass sich die Falltür öffnet.

Beim Öffnen der Falltür wird durch den Unterdruck, der in der Fangblase herrscht, Wasser mit der Beute sehr schnell hineingestrudelt und dort umhergewirbelt. Dadurch gelangt die Beute nicht mehr in Richtung Ausgang – sie ist gefangen und die Klappe schließt sich wieder.

Nach einer Weile stirbt das Tier in der Falle an Sauerstoffmangel, es erstickt. Nun sondert die Pflanze aus Drüsenhaaren an der Innenwand der Falle Verdauungssäfte ab, die ihre Nahrung zersetzen, sodass sie die Nährstoffe daraus aufnehmen kann. Um die Falle wieder „scharf" zu machen, pumpt der Wasserschlauch das Wasser erneut aus ihr heraus, damit abermals ein Unterdruck entsteht.

Auffällig sind die oft sehr schönen Blüten der Wasserschläuche

Hier siehst Du die wunderschönen Blüten verschiedener Arten von Wasserschläuchen:

Zweigliedriger Wasserschlauch aus Australien

Menzies' Wasserschlauch, ebenfalls aus Australien

Nierenförmiger Wasserschlauch aus Küstengebirgen im Süden Brasiliens

Auf diese Weise erbeuten Wasserschläuche Einzeller wie Wimpertierchen, Wurzelfüßer, Rädertierchen, Bärtierchen und andere winzige mehrzellige Tierchen, Wasserflöhe, Hüpferlinge, Milben, Würmchen und Schnecken. Größeren Arten gehen auch schon einmal Insektenlarven oder selbst kleine Kaulquappen in die Falle.

Erst seit wenigen Jahren jedoch ist bekannt, dass viele Wasserschläuche ebenfalls „Allesfresser" sind. Zumindest kleine Arten erbeuten nämlich relativ wenige Tiere, dafür aber umso mehr Algen und auch Pollen, zum Beispiel von Kiefern, die am Ufer wachsen. Aus den gefangenen Tierchen gewinnen sie Stickstoff, aus den Algen und dem Pollen dagegen vor allem Phosphor, zudem Spurenelemente und andere für sie wichtige Stoffe.

Aber wie gelangen solche Algen und der Pollen überhaupt in die Fallen hinein? Du hast doch gerade erfahren, dass sich die Falle erst öffnet, sobald Beute an die feinen Härchen an der Klappe stößt – und das tun Algen und Pollen schließlich nicht. Ebenfalls erst seit wenigen Jahren wissen wir: Wenn eine Falle für längere Zeit nichts gefangen hat, öffnet sie sich auch von ganz alleine, also ohne dass sie von außen angestupst werden muss. Das passiert nach

Ein herrlicher Anblick: Blüten des Goldgelben Wasserschlauchs, der in Asien und Australien vorkommt

Der Südliche Wasserschlauch ist in vielen Teilen der Erde weit verbreitet

In Südostasien gedeiht der Delfinartige Wasserschlauch

Aus Indien stammt der Genetzte Wasserschlauch

etwa fünf bis 20 Stunden und bis zu 60 Mal in einem Zeitraum von 20 Tagen. Dabei saugt die Falle dann mit dem Wasser auch alles ein, was darin treibt, und das können eben kleine Algen und Pollen von Pflanzen sein. Wasserschläuche, die sowohl tierische als auch solche pflanzliche Nahrung verdauen, gedeihen offenbar am besten.

Wie fast immer in der Natur scheint es auch bei den Fallentypen der Wasserschläuche Ausnahmen zu geben. So ist etwa die Falle des Vielverzweigten Wasserschlauchs ziemlich anders gebaut: sehr robust und mit zwei röhrenförmigen, dicht behaarten Anhängen, die zum Eingang führen. Möglicherweise funktioniert diese Falle nicht nach dem Saugprinzip, sondern wie die Reusenfallen, von denen Du bereits gelesen hast.

Beim Purpur-Wasserschlauch dagegen fanden Forscher in den Fangblasen lebende Gemeinschaften winziger Tierchen und Algen, die nicht verdaut wurden. Vielleicht kann diese Pflanze Nährstoffe gewinnen, die aus der Atmung und der Verdauung ihrer „Untermieter“ frei werden. Ähnliches geschieht wohl auch in den Fallen anderer Wasserschläuche, in denen mit zunehmendem Alter eine immer größere Zahl an nützlichen Bakterien und Einzellern lebt.

Klebefallen

Wenn uns Menschen Fliegen lästig werden, hängen wir Fliegenfänger auf. Diese sind mit einem Lockstoff und einer klebrigen Substanz beschichtet. Vom Lockstoff angezogen, steuern die Insekten die Fangvorrichtungen an – und bleiben kleben.

Ganz ähnlich geht eine ganze Reihe fleischfressender Pflanzen vor. Aus kleinen Tentakeln auf ihren Blättern sondern sie einen klebrigen Saft ab. Das an Tau erinnernde Glitzern der Klebetröpfchen und das Rot der Tentakelköpfchen locken Beute an, vor allem Insekten. Die Tentakelköpfchen reflektieren außerdem teilweise ultraviolettes Licht, was ebenfalls anziehend auf Beute wirkt, genauso wie abgesonderte Duftstoffe.

Kommt Beute mit dem klebrigen Sekret in Berührung, versucht sie, sich daraus zu befreien – dabei gerät sie jedoch nur mit noch mehr klebrigen Tropfen in Kontakt und ist schließlich gefangen. Anschließend gibt die Pflanze Verdauungssekrete ab und zersetzt die Beute damit. Dann braucht sie nur noch die Nährstoffe aufzunehmen.

Das ist das generelle Prinzip, wie Klebefallen funktionieren. Aber viele verschiedene Arten aus ganz unterschiedlichen Pflanzengruppen haben solche Fallen völlig unabhängig voneinander „erfunden“. Am bekanntesten sind sicher die Fettkräuter, Sonnentaue und das Taublatt, aber auch Wanzenpflanzen, Regenbogenpflanzen, Schusspflanzen, Hakenblatt, *Philcoxia* und *Triantha occidentalis* nutzen Klebefallen. Da wird es Dich sicher nicht wundern, wenn es dabei jede Menge Unterschiede und Besonderheiten gibt.

Klebefallen für Fliegen hat keineswegs der Mensch als Erster erfunden ...

Das Rot am Blattrand, die wie Wasser glitzernden Tropfen an den Tentakeln und leckerer Duft ziehen Insekten an

Die vielen, weit verbreiteten Arten der Fettkräuter besitzen glatte, feste Blätter. Aus Drüsen, die auf Stielchen sitzen, sondern die Blätter ihre klebrige Fangflüssigkeit ab. Dadurch glänzen die Blätter, als seien sie fettig – daher stammt der Name. Vermutlich wollen Insekten an diesen Tröpfchen ihren Durst stillen und werden deshalb davon angelockt. Sie bleiben an der Fangflüssigkeit haften, in der bereits etwas Verdauungssekret enthalten ist. Wenn sich das Insekt beim Zappeln immer mehr verklebt, kommt es auch in Kontakt mit Drüsen direkt auf der Oberfläche des Blatts. Diese geben noch mehr Verdauungssaft ab. Allmählich dellt sich das Blatt unter der Beute etwas ein, sodass diese wie in einem kleinen Becken liegt. Die gelösten Nährstoffe nimmt die Pflanze schließlich durch Öffnungen in der Blattoberfläche auf.

Neben winzigen Fluginsekten bleibt übrigens auch ganz schön viel Pollen auf den Blättern haften und kann von der Pflanze verwertet werden. Fettkräuter sind also ebenfalls „Allesfresser", so wie die Wasserschläuche, mit denen sie eng verwandt sind.

Katapult-Schützen

Besonders spektakulär fangen der Drüsige Sonnentau und drei Arten von Zwergsonnentauen ihre Beute, nämlich mit einer Katapult-Leimfalle. Am Rand des Blattes sitzen dabei dicht am Boden und strahlenförmig nach außen lange Schnelltentakel ohne Fangleim. Berührt ein Beutetier ein solches Tentakel, schnellt es in nur 75 Tausendsteln einer Sekunde nach innen und katapultiert das Tier dadurch in die Mitte des Blatts, wo es an Tentakeln mit Leim haften bleibt. Innerhalb weniger Minuten drücken diese Tentakel das Opfer dann bei einigen Arten in eine kraterartige Vertiefung in der Mitte des Blattes, wo es schließlich verdaut wird.

Mit einem Fettkraut auf der Fensterbank lassen sich viele lästige Insekten fangen!

Die kleine Wespe kommt beim Versuch, sich zu befreien, in Kontakt mit immer mehr klebrigen Tröpfchen

Nicht nur die Tentakel neigen sich zur Fliege hin, um sie noch besser festzuhalten – auch das Blatt selbst klappt allmählich über der Beute ein

Deutlicher zu sehen sind die Tröpfchen des glitzernden Fangsekrets bei den Sonnentauen, die in vielen Arten sehr weit verbreitet sind. Manche Arten bilden kleine oder größere Rosetten am Boden, andere strecken ihre Fangblätter in die Höhe, wieder andere haben eine kletternde Lebensweise entwickelt und können auf diese Weise drei Meter lang werden. Einige Arten erreichen ein sehr hohes Alter von bis zu 50 Jahren.

An den je nach Art unterschiedlich geformten Blättern der Sonnentaue sitzen bewegliche Tentakel. Aus Drüsenöffnungen an deren Ende tritt das Fangsekret aus. Es enthält Zucker und ist sehr klebrig. Ist ein Insekt daran haften geblieben, beugen sich die benachbarten Tentakel zu ihm hin, um es noch stärker mit dem Leim zu bedecken und besser verdauen zu können – denn die Tentakeldrüsen sondern auch Verdauungssaft ab. Zusätzlich klappt das Fangblatt allmählich über der Beute zusammen. Zumindest manche Sonnentaue fangen Nahrung sogar „im Rudel“: Fangblätter benachbarter Artgenossen können gemeinsam größere Beute festhalten als die Blätter einer einzelnen Pflanze.

Durch das Umschließen der Beute bedeckt das Fangblatt sie noch besser mit Verdauungssaft. Außerdem wird sie auf diese Weise nicht vom nächsten Regenguss weggewaschen.

Hier haben Fangblätter benachbarter Pflanzen gemeinsam eine große Beute festgehalten

In einem bestimmten jungen Stadium kann die Liane namens Hakenblatt Fangblätter mit klebrigen Tropfen bilden

Auch die größte fleischfressende Pflanze überhaupt zählt zur Gruppe der Pflanzen mit Klebefallen: Das Hakenblatt aus den Tropen Westafrikas kann als junge Pflanze Fangblätter ausbilden. An deren roten Tentakeln treten sehr große, saure, schleimige Leimtropfen aus – die Fangblätter erinnern somit sehr an die der Sonnentaue. Allerdings wirft die Pflanze ihre Fangblätter nach einigen Wochen wieder ab und kommt von da an ohne sie aus. Sie ist sozusagen nur ein „Teilzeit-Fleischfresser". Als erwachsene Pflanze wird das Hakenblatt, das in Form einer Liane wächst, im Extremfall bis zu 70 Meter lang.

Klebrig, aber nicht fleischfressend

Auch Pflanzen wie Pelargonien, Petunien, Tabak (hier im Bild), manche Bromelien und Bohnen fangen auf ihren klebrigen Oberflächen Insekten, obwohl sie diese wohl nicht verdauen können. Auf diese Weise schützen sie sich aber gegen pflanzenfressende Insekten oder halten Nahrung für räuberische Insekten bereit, die auf den Pflanzen leben und sie vielleicht gegen Schädlinge schützen.

Klappfallen

Sicher der bekannteste und zugleich spektakulärste Fallentyp fleischfressender Pflanzen ist die Klappfalle. Solche Klappfallen sind aber ganz selten: Außer bei der berühmten Venusfliegenfalle kommen sie nur noch bei der Wasserfalle vor, einer im Wasser lebenden Art (nicht zu verwechseln mit den Wasserschläuchen, von denen Du bereits gelesen hast). Venusfliegenfalle und Wasserfalle sind übrigens nah miteinander verwandt, denn sie stammen von einem gemeinsamen Vorfahren ab.

Eine Insektenlarve wurde zur Beute einer Wasserfalle

Wasserfalle

Die Wasserfalle lebt im Süßwasser. Nur ihr Keimling besitzt noch eine kleine Wurzel, größere Pflanzen sind wurzellos. Die höchstens 30 Zentimeter langen Stängel tragen sogenannte Wirtel von jeweils mehreren Fangblättern. Berührt eine Beute Fühlhärchen, schnappt die Falle innerhalb des Bruchteils einer Sekunde zu. Im vergrößerten Bild siehst Du, dass eine Insektenlarve in die Falle gegangen ist.
Verbreiten lässt sich die Wasserfalle, indem sie am Gefieder von Wasservögeln hängen bleibt.

In der Natur kommt die Venusfliegenfalle nur in den Pocosin-Mooren von North und South Carolina vor, zwei Bundesstaaten an der Ostküste der USA

Die meist fünf bis sieben, manchmal auch bis zu zehn Fangblätter der Venusfliegenfalle bestehen aus dem recht breit gebauten Stiel und der sogenannten Blattspreite. Diese ist annähernd rund, in zwei Hälften geteilt und auf der Innenseite meist leuchtend rot gefärbt, um wie eine Blüte Insekten anzulocken. Außerdem sitzen am oberen Rand sogenannte Nektarien: Diese sondern einen leckeren, nach reifen Früchten duftenden Saft ab, der ebenfalls unwiderstehlich auf Insekten wie Ameisen und Käfer wirkt. Beide Blatthälften sind durch eine Art Mittelsteg verbunden.

Mit gespannten Fallen lauert die Venusfliegenfalle auf Beute

Im geöffneten Zustand sind die Hälften des Fangblattes jeweils in sich leicht nach außen gekrümmt (man nennt das: konvex) und dadurch gespannt wie eine Mausefalle. Landet nun ein Insekt auf der Falle oder krabbeln eine Spinne oder andere Tierchen hinein, stoßen sie an einige der Fühlborsten, die auf jeder Blatthälfte stehen. Bei Venusfliegenfallen in der Natur sind es meist drei, manchmal auch vier Borsten pro Blatthälfte. Vor allem bei gezüchteten Pflanzen aus Gärtnereien können es auch mehr sein. Stößt das Tier nun also an solche Fühlborsten, knicken diese an einer Gelenkstelle um, die ziemlich weit unten sitzt.

Hier sind gut die normalerweise drei Fühlborsten auf der Innenseite jeder Blatthälfte zu sehen

Bei starker Vergrößerung erkennst Du, dass die Fühlborsten ganz unten eine Art Basis mit Gelenk haben. Wenn sie daran umgeknickt werden, senden sie ein Signal an die Pflanze.

Erst wenn die Fliege innerhalb von 30 Sekunden zwei Mal eine Fühlborste knickt, wird die Falle ausgelöst

Wenn die Fühlborsten umgeknickt werden, senden Zellen an ihrer Basis blitzschnell ein elektrisches und magnetisches Signal an das ganze Fangblatt weiter. Passiert das innerhalb eines Zeitraums von einer halben Sekunde bis hin zu höchstens 30 Sekunden mindestens zwei Mal, dann weiß die Pflanze, dass es sich nicht einfach nur um ein herabgefallenes Blatt handelt, sondern dass da ein Leckerbissen auf ihr unterwegs ist. Bei Temperaturen ab 28 Grad Celsius genügt es sogar schon, wenn eine Borste lediglich einmal umgebogen wird. Umgekehrt braucht es bei Pflanzen, die nicht genügend Wasser haben, drei Reizungen der Fühlborsten, ehe sie zuschnappen.

Ist sich die Venusfliegenfalle aufgrund dieser Signale sicher, dass ein nahrhafter Happen auf ihrem Fangblatt umherläuft, dann klappt die Falle nur eine Zehntelsekunde später unglaublich schnell und mit großer Kraft zu: Die in der geöffneten Haltung nach außen gebogenen, gespannt gehaltenen Blatthälften entspannen sich sozusagen extrem rasch und schnappen nach innen um. Das passiert unter anderem, indem zwischen verschiedenen Schichten des Blattes Wasser transportiert wird: Die innere Schicht zieht sich zusammen, die äußere dehnt sich, die in der Mitte bleibt unverändert. Da die Fühlborsten nicht steif sind, sondern ein Gelenk besitzen, stören sie beim Zuschnappen der Falle nicht, sondern knicken einfach weg. Lediglich ein bis fünf Zehntel eines Sekunde dauert das Zuschnappen der Falle – damit zählt diese Bewegung zu den schnellsten der Pflanzenwelt.

Ist die Pflanze sicher, dass eine mögliche Beute auf der Falle unterwegs ist, lässt sie diese blitzschnell zuschnappen!

Sitzt ein größeres Tierchen erst einmal in dieser Falle, hat es kaum noch eine Chance, sich wieder zu befreien: 14 bis 21 spitze Borsten an den Rändern jeder Hälfte des Fangblattes greifen ineinander wie ein Gitter und versperren der Beute den Ausweg. Ist dagegen nur ein winziges Gliedertier gefangen, kann es sich durch die kleinen Lücken zwischen den Randborsten ins Freie retten. Das ist von der Venusfliegenfalle sogar beabsichtigt: Um so einen Mini-Happen zu verdauen, müsste sie nämlich mehr Energie aufwenden, als ihr die kleine Beute einbringen würde – das lohnt sich also gar nicht.

Wie aber weiß die Pflanze nun, ob sich das Insekt nicht noch im letzten Moment retten konnte? Ob sich also überhaupt noch eine Beute in der Falle befindet und ob sie groß genug ist, dass es sich rentiert, sie zu verdauen? Sitzt das Tier noch darin, wird es natürlich versuchen, sich zu befreien. Dabei stößt es immer wieder gegen die Fühlborsten. Hierdurch werden im Blatt weitere elektrische Signale ausgelöst – je mehr davon ausgesendet werden, umso größer und kräftiger muss die Beute sein. Insgesamt vermag die Pflanze somit sozusagen bis 5 zu zählen! Außerdem kann die Pflanze den Chitinpanzer ihrer Beutetiere oder auch deren Ausscheidungen, die sie in ihrer Angst absetzen, sozusagen schmecken – so erkennt die Venusfliegenfalle, ob da wirklich etwas Nahrhaftes in die Falle getappt ist.

Lohnt sich der ganze Aufwand nicht, öffnet sich die Falle nach einigen Stunden wieder. Das inzwischen tote Opfer fällt zu Boden und wird dort zersetzt. Die dabei frei werdenden Nährstoffe aus seinem Körper kann die Venusfliegenfalle über ihr Wurzelsystem aufnehmen.

Verschiedenste wirbellose Tiere wie diese Kleinlibelle können in die Falle tappen

Hat sie dagegen wirklich eine fette, zappelnde Beute gemacht, verschließt sie ihre Falle noch fester. Ab dem zweiten Signal, das ihr Opfer verursacht, bildet die Pflanze ein Hormon, also einen Botenstoff. Er teilt der Pflanze mit, dass Beute verdaut werden soll. Ab dem vierten Signal aktiviert die Venusfliegenfalle dann ihre Verdauungsdrüsen – je mehr Signale gesendet werden, umso stärker. Die Drüsen sitzen zu mehreren zehntausend dicht an dicht auf der Innenseite der Fallenblätter. Sie bilden nun Bläschen aus, die von einem feinen Häutchen umhüllt sind. In den ersten Stunden nach dem Fang enthalten die Bläschen nur Salzsäure. Dann kommen auch Verdauungssäfte hinzu, die den Chitinpanzer der Beute knacken und ihr Fleisch auflösen können. Der saure Verdauungssaft wird schließlich aus den Bläschen freigegeben und ergießt sich über die Nahrung.

Die Beute wird verdaut. Anschließend nimmt das Blatt die verflüssigten Nährstoffe daraus auf.

Die Beute wird nun durch die Verdauungssäfte verflüssigt. Nährstoffe daraus vermag die Venusfliegenfalle anschließend über spezielle Zellen der schon erwähnten Drüsen aufzunehmen. Diese Zellen liegen unter denjenigen, aus denen die Verdauungssäfte ausgeschieden werden. Ihre Oberfläche ist vielfach gefaltet. Dadurch wird ihre Oberfläche sehr stark vergrößert, sodass sie reichlich mit dem Nahrungsbrei in Kontakt kommen.

Was nach der Verdauung übrig bleibt, ist nur der Panzer aus Chitin. Ihn kann die Pflanze nicht verdauen. Er fällt einfach herab oder wird vom nächsten Regen heruntergewaschen, sobald sich die Falle wieder öffnet. Letzteres passiert, wenn die Verdauung abgeschlossen ist. Handelt es sich um einen großen Nahrungsbrocken, kann der Verdauungsvorgang über eine Woche dauern, manchmal sogar bis zu zwei Wochen.

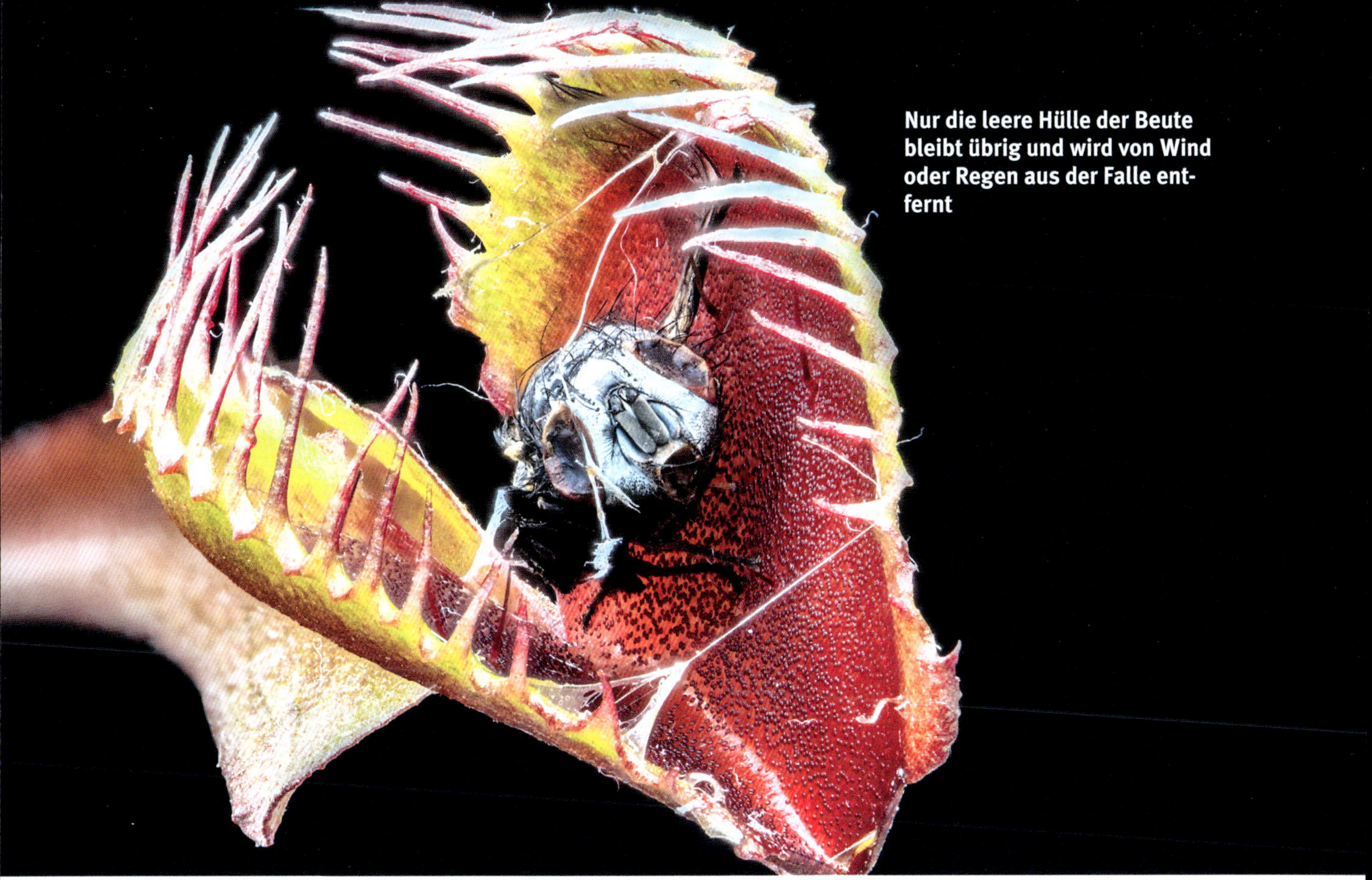

Nur die leere Hülle der Beute bleibt übrig und wird von Wind oder Regen aus der Falle entfernt

Anschließend spannt die Pflanze diese Falle erneut. Das nimmt allerdings viel mehr Zeit in Anspruch als das Schließen: Etwa ein bis zwei Tage braucht die Pflanze dafür. Allerhöchstens bis zu zwölf Mal kann sich ein Blatt schließen und wieder öffnen, dann stirbt es ab. Meist ist das sogar schon nach etwa drei bis fünf Mal der Fall. Allerdings wachsen neue Fangblätter nach.

Übrigens: Um Samen bilden zu können, ist die Venusfliegenfalle darauf angewiesen, dass Insekten ihre Blüten besuchen und sie dabei bestäuben. Wenn sie diese Insekten jedoch fangen würde, bliebe die nötige Befruchtung aus – es entstünden keine Samen und die Pflanze könnte sich nicht vermehren. Venusfliegenfallen haben für dieses Problem eine clevere Lösung entwickelt: Ihre Fangblätter lassen sie ziemlich nah am Boden wachsen. Der Blütenstängel dagegen reicht senkrecht weit nach oben. Dadurch können verschiedene Arten von Bienen und Käfern gefahrlos die Blüten bestäuben, ohne in die gefährlichen Fallen weiter unten zu tappen. Ähnlich halten es auch viele andere fleischfressende Pflanzen – oder sie lassen ihre Blüten sogar wachsen, bevor sie Fangblätter ausbilden.

Die Blüten der Venusfliegenfalle und vieler anderer fleischfressender Pflanzen öffnen sich an einem langen Stiel – so geraten blütenbestäubende Insekten nicht in die Falle

Fast wie ein Tier

Tiere und wir Menschen können rasch reagieren: Nerven leiten elektrische Nachrichtensignale blitzschnell weiter, das Gehirn wertet sie aus und trifft Entscheidungen. So befiehlt das Gehirn einem Muskel, sich anzuspannen. Oder es kann sich Situationen merken. Mit Sinnen wie dem Geschmackssinn orientieren sich Tiere in ihrer Umwelt. Sie erkennen dann zum Beispiel, ob eine Frucht essbar ist oder nicht.

Pflanzen dagegen besitzen weder ein Gehirn noch Nerven, Muskeln oder Sinnesorgane. Ist es nicht umso erstaunlicher, dass die Venusfliegenfalle dennoch ziemlich ähnlich handeln kann wie ein Tier? Statt elektrische Signale in Nerven weiterzuleiten, breiten sie sich einfach wellenförmig über das ganze Blatt aus. Statt Muskeln für eine Bewegung einzusetzen, spannt sie eine Falle und lässt sie dann zuschnappen. Sogar eine Art Gedächtnis besitzt sie: Sie kann nämlich „zählen" und „sich merken", wie oft eine Beute die Fühlborsten des Fangblattes berührt – beim ersten Mal wartet sie noch ab, beim zweiten Mal schnappt die Falle zu. Weiteres Zappeln löst dann aus, dass die Pflanze ihre Falle noch fester schließt und Verdauungssäfte bildet.

Ein Jaguar auf der Jagd verlässt sich auf sein Gehirn, auf verschiedene Sinne, auf die Kraft seiner Muskeln. Die Venusfliegenfalle hat Fähigkeiten entwickelt, um auch ohne all dies erfolgreich Beute machen zu können.

Über eine Art einfachen Geschmackssinn kann sie feststellen, ob eine Beute im Blatt gefangen ist. Die Falle verwandelt sich dann zuerst in so etwas wie einen Magen, in den Verdauungssäfte abgegeben werden. Dann übernimmt die Falle die Funktion eines Darms, der die Nahrungsbestandteile aufnimmt.

Hier hat also eine Pflanze auf ihre ganz eigene Art und Weise Fähigkeiten entwickelt, die denen von Tieren stark ähneln. Ist das nicht unglaublich?

Vom Verteidiger zum Angreifer

Normalerweise bedeutet es für eine Pflanze Gefahr, wenn sie Substanzen von Pilzen und Insekten wahrnimmt: Dann wird sie nämlich vielleicht gerade von einem Insekt angefressen oder von einem schädlichen Pilz befallen.
Bei gewöhnlichen Pflanzen wird dadurch ein elektrisches Signal erzeugt, das die Bildung eines Botenstoffs anregt, eines Hormons. Dieses bewirkt, dass die Pflanze Maßnahmen zur Verteidigung trifft. Sie bildet dann Giftstoffe, um den Angreifer abzuwehren.
Die Venusfliegenfalle dagegen nutzt diese Kette aus Nachrichten (elektrisches Signal, Hormon) dazu, zum Angriff überzugehen: Sie schließt ihre Falle und bildet Verdauungssäfte. Clever, oder?

Mit Tricks, die an Verhaltensweisen von Tieren erinnern, fängt die Venusfliegenfalle ihre Nahrung

Diebe, Helfer, Mitbewohner

Als ob all diese raffinierten Fallen nicht schon spannend genug wären, gibt es noch viel mehr Faszinierendes über fleischfressende Pflanzen zu berichten. Besonders spektakulär sind die verschiedenen Formen von Lebensgemeinschaften, die sie eingehen. Vor allem die flüssigkeitsgefüllten Grubenfallen bestimmter Arten sind eigene kleine Welten und Heimat vieler unterschiedlicher Arten, die oft in irgendwelchen Beziehungen zueinander stehen. Einzeller darin ernähren sich von Beuteresten, Mückenlarven fressen Einzeller, Fliegenlarven erbeuten Mückenlarven, und eine frisch geschlüpfte Mücke wird vielleicht direkt am Kannenrand von einer Spinne geschnappt. Bis zu 165 verschiedene Arten wurden schon als Untermieter in den Fallen der Roten Schlauchpflanze gefunden!

In diesem Blatt einer Rajah-Kannenpflanze leben unzählige Mückenlarven und andere winzige Tierchen

Nektarvögel naschen gerne vom leckeren Nektar, mit dem Kannenpflanzen eigentlich Insekten anlocken möchten

Viele Tiere haben sich sehr stark an das Leben an und in fleischfressenden Pflanzen angepasst, einige kommen sogar überhaupt nur dort vor. Manche Arten leben als Parasiten von der Beute der fleischfressenden Pflanzen. Sie klauen ihnen also sozusagen das Essen vom Teller. Beispiele dafür sind Mückenlarven, die sich in Schlauch- und Kannenpflanzen entwickeln, oder die Larven bestimmter Arten von Schwebfliegen, die Sonnentauen die Beute wegmopsen, ohne dass die klebrigen Tentakel ihnen etwas anhaben könnten.

Gottesanbeterinnen schnappen sich manchmal Insekten, die von den Pflanzen angelockt wurden. Auch Geckos, Krabben, ja sogar Affen haben das gelernt. Manche Geckos und mehrere Arten Nektarvögel naschen zusätzlich den leckeren Nektar von Kannenpflanzen. Verschiedene Spinnenarten weben ihr Netz über der Öffnung der Falle einer Kannen- oder Schlauchpflanze und fangen auf diese Weise die hinabfallenden Insekten, die ansonsten die Pflanze erbeutet hätte.

Wie diese Gottesanbeterin schnappen manche räuberischen Tiere fleischfressenden Pflanzen die Beute sozusagen vor der Nase weg

Die Bromelie *Catopsis berteroniana* lässt ihre Beute von hilfreichen Bakterien verdauen

Verschiedenste Helfer

In vielen Fällen helfen die Bewohner der Pflanze aber sogar dabei, ihre Beute zu verdauen, wie bei einer Bromelie namens *Catopsis berteroniana*. In ihren wassergefüllten Blatttrichtern ertrinken zwar Insekten, aber die Pflanze kann sie nicht selbst verdauen – sie vermag nämlich keine Verdauungssäfte herzustellen. Im Wasser leben aber reichlich nützliche Bakterien. Sie zersetzen die Beute. Die dabei frei werdenden Nährstoffe nimmt die Bromelie dann auf. Ohne diese Bakterien hätte sie nichts von den gefangenen Insekten.

Auch etliche andere Pflanzen sind auf Mitbewohner angewiesen, um an die Nährstoffe ihrer Beute zu gelangen. Viele Organismen haben es geschafft, sich an die Flüssigkeit im Inneren von Fallgrubenblättern anzupassen. Das heißt: Sie werden davon nicht etwa verdaut, sondern fühlen sich hier pudelwohl! Dazu zählen neben Bakterien, Pilzen und Algen auch Einzeller, Rädertierchen, Bärtierchen, Würmer, winzige Krebschen, Milben und Insektenlarven. Sie leben von ertrunkener Beute und verdauen sie – die Nährstoffe aus ihren Ausscheidungen kann die Pflanze dann aufnehmen wie Dünger. Manche Bakterien sind sogar dazu in der Lage, Stickstoff aus der Luft aufzunehmen, der dann letztlich der Pflanze als Nährstoff dient.

Einige Pflanzen brauchen zwingend größere Mitbewohner, um überhaupt einen Nutzen von ihrer Beute zu haben. Die beiden Arten der Wanzenpflanzen aus Südafrika werden bis zu zwei Meter hoch. Auf ihren Fangblättern wachsen biegsame Haare mit Drüsen an den Spitzen, die einen sehr stark klebrigen Leim absondern. Dieser ist allerdings nicht wässrig wie etwa bei Sonnentauen, sondern ölig-harzig. Er trocknet nicht aus und klebt sogar unter Wasser.

Zwar haben Forscher inzwischen herausgefunden, dass Wanzenpflanzen auch einen Stoff produzieren, der für die Verdauung wichtig ist, aber sehr wahrscheinlich sind sie für die Verwertung ihrer Beute ganz überwiegend auf Unterstützung angewiesen. Ihre Helfer sind zwei speziell angepasste Wanzenarten: Nur auf Wanzenpflanzen können die Insekten überleben. Sehr rasch entdecken sie kleben gebliebene Beute und saugen sie aus. Damit sie selbst nicht festhaften, ist ihr Körper mit einer dicken Anti-Haft-Schmierschicht bedeckt. Außerdem sind die Wanzen im Vergleich zu verwandten Arten stärker und können sich im Notfall vom Klebstoff befreien.

Wanzenpflanze und Wanzen leben zum beiderseitigen Vorteil zusammen

So, nun hat die Wanze also die Beute ausgesaugt – was aber hat denn nun die Pflanze davon? Die Wanze setzt ihre Ausscheidungen auf der Pflanze ab, und diese kann sie aufnehmen und verwerten. Einen großen Teil ihres Bedarfs an Stickstoff vermögen Wanzenpflanzen dadurch zu decken. Beide haben also Vorteile: Die Wanze führt ein bequemes Leben ohne Fressfeinde oder Konkurrenten und kann sich im Überfluss von Beute ernähren, die die Wanzenpflanze fängt. Und für die Pflanze funktionieren die Wanzen sozusagen wie ein ausgelagerter Magen-Darm-Trakt, der die Nahrung für sie verdaut und ihr Nährstoffe daraus zugänglich macht. Außerdem tragen die Wanzen zur Bestäubung der Blüten bei.

Die Wanzenpflanze aus Südafrika kann zwar Beute machen, aber wohl kaum selbst verdauen. Dabei und bei der Bestäubung ihrer Blüten helfen ihr Wanzen.

Diese Wanze kann sich gefahrlos zwischen den Fangtröpfchen der Wanzenpflanze bewegen. Sie saugt Beute der Pflanze aus und düngt sie mit ihren Ausscheidungen.

Ein anderes Beispiel ist das Zusammenleben der Zweispornigen oder Borneo-Kannenpflanze mit Schmitz‘ Rossameise. Diese Ameisen haben sich ebenfalls so stark an das Leben mit der Kannenpflanze angepasst, dass sie nirgends anders vorkommen. Die Zweispornige Kannenpflanze wächst auf Borneo, einer großen Insel in Südostasien. Sie bildet Boden- und Luftkannen aus. Am Übergang der Ranken in die Kannenfallen gibt es hohle, verdickte Bereiche – das ist einzigartig für solche Pflanzen. Genau hier beißen sich die Ameisen einen Eingang in diese Hohlräume. Darin kann ihre Kolonie ungestört und sicher leben.

Außerdem ernähren sich die Ameisen zu einem großen Teil vom zuckerreichen Nektar, den die Pflanze an den Spornen über dem Kannenrand ausscheidet. Und sie stürzen sich sogar in die Kannen hinein! Sie schwimmen und tauchen darin umher, um Beute der Kannenpflanze heraufzuholen oder darin lebende Insektenlarven zu jagen. Die Rossameisen selbst sind gegen die Verdauungssäfte geschützt und kommen im

Die Zweispornige Kannenpflanze ist eine ganz besondere Lebensgemeinschaft mit Rossameisen eingegangen

Im Inneren der hohlen Stiele hat die Ameisenkolonie ihr Zuhause

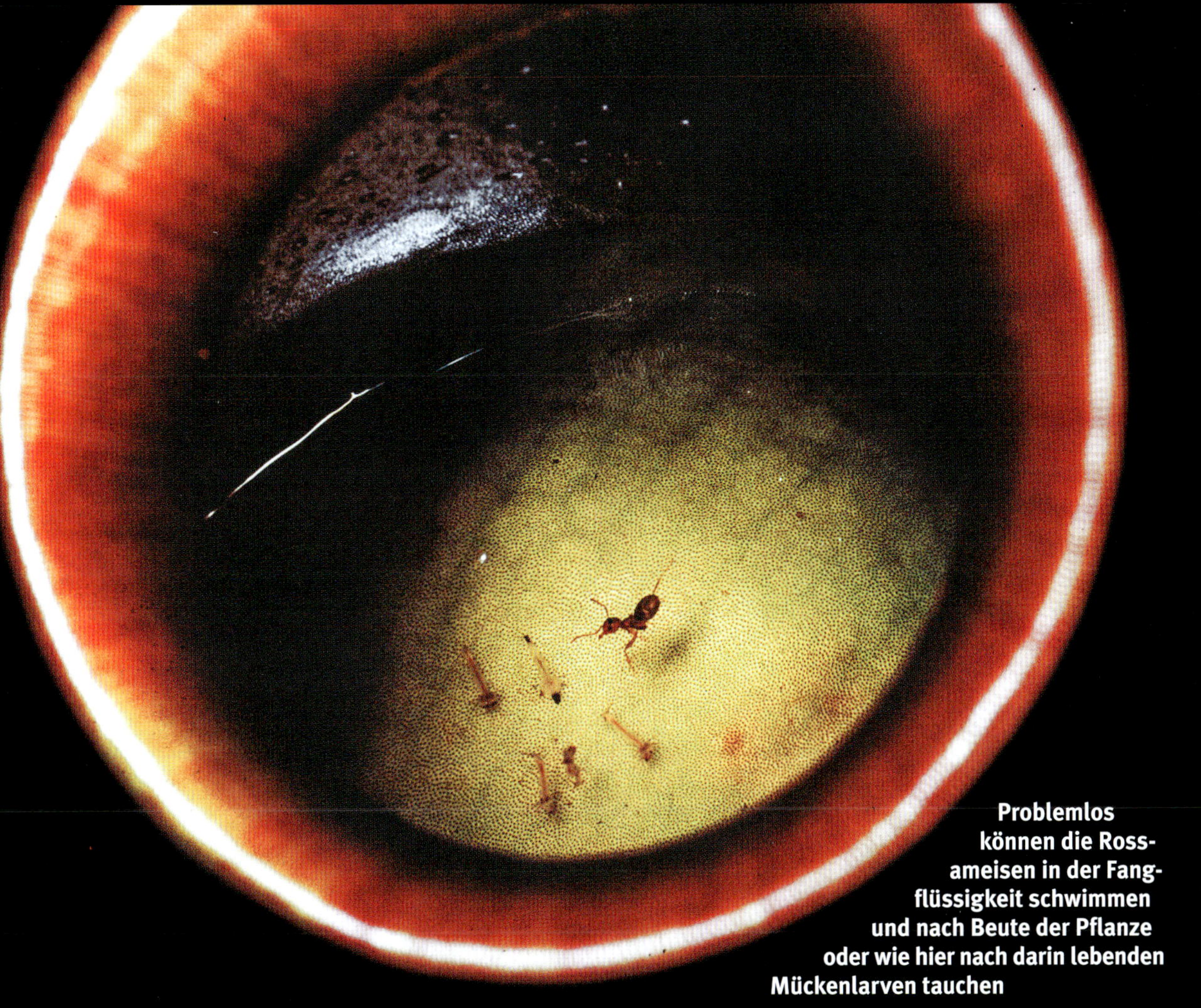

Problemlos können die Rossameisen in der Fangflüssigkeit schwimmen und nach Beute der Pflanze oder wie hier nach darin lebenden Mückenlarven tauchen

Gegensatz zu anderen Insekten auch leicht wieder aus der Falle heraus: An ihren Füßen besitzen sie spezielle Haftorgane, die ihnen das ermöglichen.

Aber wo liegt da der Vorteil für die Kannenpflanzen? Nun, die Ameisen verteidigen „ihre“ Pflanze energisch gegen Rüsselkäfer, die sie sonst stark schädigen könnten. Manchmal schleppen sie einen solchen Angreifer sogar in die Kanne hinein! Außerdem geben sie wohl ihre Ausscheidungen in die Kanne ab – sie düngen ihre Kannenpflanze also sozusagen, ähnlich wie die Wanzen, von denen Du weiter vorn gelesen hast. Denn diese Kannenpflanze kann ihre Beute nur unzureichend selbst verdauen.

Die Ameisen können sich gefahrlos auf der Pflanze bewegen und Schädlinge angreifen

„Hilfst du mir, helf ich dir!“

Sowohl die fleischfressende Pflanze als auch ihre hilfreichen Bewohner sparen durch das Zusammenleben Energie: Die Pflanze muss keine Verdauungssäfte herstellen, die Bewohner brauchen sich nicht auf Nahrungssuche zu machen, sondern leben wie im Schlaraffenland. Solch ein Zusammenleben verschiedener Arten, aus dem beide Partner Vorteile ziehen, nennt man eine Symbiose und bei ganz enger Verbindung wie bei den Wanzenpflanzen Mutualismus.

Gemeinschaftlich ziehen die Rossameisen eine tote Beute der Kannenpflanze aus der Fangflüssigkeit

Im Gegensatz zu anderen Ameisen laufen die Rossameisen auch nicht aggressiv „Patrouille“, sondern verharren unter dem Rand der Kannenpflanze und hindern Insekten wie Ameisen anderer Arten nicht daran, an die tödlichen Fallen zu gelangen und hineinzustürzen. Versuchen solche Opfer jedoch, wieder herauszuklettern, greifen die Rossameisen sie an wie kleine Jagdhunde und verhindern sehr erfolgreich, dass sie der Kanne entkommen. Außerdem reinigen sie ständig den Rand der Falle, sodass Beutetiere dort immer leicht abrutschen. Dadurch fängt eine Falle mit Schmitz‘ Rossameisen viel mehr Beute als eine ohne Mitbewohner.

Ertrunkene Beutetiere der Pflanze oder Insektenlarven, die die Rossameisen aus der Kanne fischen, verzehren sie auf dem Rand der Kanne. Die Reste lassen sie wieder hineinfallen. Dort kann die Kannenpflanze diese Stücke dann leichter verdauen, weil sie schon aufgebrochen und sozusagen vorverdaut sind. Indem die Ameisen große Beute auf diese Weise zerkleinern, sorgen sie auch dafür, dass sie nicht verfault, was der Kanne sehr schaden könnte. Und schließlich erbeuten sie Larven und Puppen von Fliegen und Mücken, die in den Kannen heranwachsen und sich von den Nährstoffen darin ernähren. Damit vermindern die Ameisen die Menge an Nährstoffen, die solche „Diebe“ den Pflanzen wegnehmen.

Die Kannenpflanzen-Krabbenspinne kann unbeschadet in der Fangflüssigkeit untertauchen. Hier wurde der vordere Teil der Pflanze herausgeschnitten, damit Du die Spinne und oben ihren Kokon mit Eiern darin sehen kannst.

Ein bisschen komplizierter ist es beim Zusammenleben der Kannenpflanzen-Krabbenspinne mit der Schlanken Kannenpflanze in Südostasien. Diese Spinnenart lebt ausschließlich auf der erwähnten Pflanze. Bei Gefahr stürzen sich die Spinnen einfach an einem Sicherheitsfaden in die Flüssigkeit und harren darin minutenlang aus, bis die Luft wieder rein ist. Sie entkommen der zähen Flüssigkeit, indem sie sich extrem langsam herausbewegen, also nicht zappeln wie die Beute.

An den Kannen fängt die Krabbenspinne vor allem Fluginsekten wie Fliegen, die vom süßen Nektar der Kannen angelockt werden. Nachdem sie ihre Beute ausgesaugt hat, lässt die Spinne die Reste in die Kannen fallen, wo sie von der Pflanze verdaut und verwertet werden können. Die Pflanze hat von diesem Zusammenleben einen Vorteil, wenn Beute knapp ist, denn dann sorgt die Spinne dafür, dass überhaupt etwas in die Kanne gelangt. Gibt es dagegen Nahrung im Überfluss, hat sie nichts davon, denn dann stiehlt ihr die Spinne ja zusätzliche Nährstoffe. Vor allem nützt es der Pflanze, wenn die Spinne sehr große Beute macht, denn in den Resten, die sie in die Kannen wirft, sind dann noch sehr viele wertvolle Nährstoffe enthalten.

Die frisch geschlüpften Spinnchen tummeln sich auf der Pflanze, ohne in die Falle zu stürzen

Dünger-Lieferanten

Bakterien, winzige Tierchen, aber auch Wanzen, Ameisen und Spinnen können also fleischfressenden Pflanzen dabei helfen oder es ihnen ermöglichen, ihre Beute zu verdauen und zu verwerten. Einige noch größere Tiere bringen zusätzliche Nährstoffe aber überhaupt erst zu den Pflanzen. So besuchen mindestens drei Arten der urtümlichen Spitzhörnchen regelmäßig die Fallen von Lowes Kannenpflanze, der Großblatt-Kannenpflanze und der Rajah-Kannenpflanze, die auf Borneo wachsen. Dort suchen sie einen ganz besonderen Leckerbissen: An der Innenseite des nach hinten gerichteten Deckels über der Kanne bildet die Pflanze manchmal eine Art weißliches, süßes Gelee. Das lassen die Spitzhörnchen sich liebend gerne schmecken. Angelockt werden sie von Farben auf der Unterseite des Deckels, die speziell auf ihr Sehvermögen ausgerichtet sind. Auch spezielle Duftstoffe ziehen sie an.

Als „Dank“ für den leckeren Imbiss lassen die Spitzhörnchen ihren Kot in die Kanne plumpsen – und die hat sogar die passende Form und Größe, wie eine Toilette mit aufgeklapptem Deckel, speziell für die Spitzhörnchen. Das erscheint Dir vielleicht eklig, aber für die Pflanze ist das ein wertvoller Dünger. Schließlich bringen auch wir Menschen die Gülle aus dem Kuhstall auf unseren Feldern aus, um Nutzpflanzen zu düngen. Vögel wurden ebenfalls schon dabei beobachtet, wie sie an den Kannenpflanzen „auf’s Klo“ gingen. Während das also am Tag passiert, kommt nachts noch die Balu-Gipfelratte vorbei. Sie nascht ebenfalls vom süßen Geschenk und lässt dafür ihren Kot in die Kannen fallen.

Ein Spitzhörnchen nascht an der Rajah-Kannenpflanze und geht darauf anschließend „zur Toilette“

Hier siehst Du die weiße, nahrhafte Substanz, mit der einige Arten von Kannenpflanzen Säugetiere wie das Spitzhörnchen anlocken. Belohnen lassen sie sich dafür mit Dünger in Form von Kot.

Hardwickes Woll-Fledermaus sucht eine Hemleys Kannenpflanze auf, um darin den Tag zu verschlafen. Mit ihrem Kot düngt sie die Pflanze.

Hemsleys Kannenpflanze ist eine ähnliche Lebensgemeinschaft eingegangen. Sie fängt nicht sehr erfolgreich Insekten, bietet aber dafür Hardwickes Woll-Fledermaus einen Unterschlupf. Diese verbringt den Tag gerne gemütlich geschützt in der Kanne. Ihre Füße sind zudem so gebaut, dass sich die Tiere zum Ruhen besonders gut in den glatten Kannen festhalten können, ohne sie jedoch zu beschädigen.

Da die Innenseite der Kannenpflanze sehr glatt ist, können dort blutsaugende Insekten keinen Halt finden oder ihre Eier ablegen. Darum sind Fledermäuse, die hier schlafen statt in anderen Pflanzen, viel weniger von Parasiten befallen und insgesamt fitter. Die Flugkünstler revanchieren sich für das traute Heim – vielleicht hast Du es schon erraten –, indem sie die Pflanzen mit ihrem nährstoffreichen Kot düngen.

Die Kannenpflanze bietet der Fledermaus ein perfektes Wohlfühlklima

Nicht alle Exemplare dieser Fledermausart schlafen in den Kannenpflanzen. Trotzdem haben sich offenbar auch in diesem Fall Pflanze und Säugetier im Lauf ihrer gemeinsamen Entwicklungsgeschichte aneinander angepasst. So ist die Form der Kannen ideal für den Körper einer solchen Fledermaus. Die Ultraschallrufe dieser Fledermausart sind die höchsten aller Fledertiere. Sie dienen offenbar speziell dazu, die Kannenpflanzen im dichten Unterholz zu finden. Der obere Rand der Hinterwand der Kannen ist verlängert und wirft das Echo der Fledermausrufe besonders stark zurück – das erleichtert es den Flugkünstlern, die Pflanzen zu entdecken.

„Toiletten-Pflanzen“

Teilweise können Kannenpflanzen ihren Bedarf an Stickstoff komplett aus den Ausscheidungen von Säugetieren wie Spitzhörnchen, Ratten und Fledermäusen decken. Sie haben sich also von der fleischfressenden Ernährung hin zu einer „gedüngten Lebensweise“ entwickelt. Oder, um es weniger freundlich auszudrücken: Sie sind eher kotfressend als fleischfressend.

Weitere Mitbewohner

Bestimmte Frösche verstecken sich in den Kannen einiger Arten, ohne dass die Flüssigkeit darin ihnen etwas anhaben könnte. Einige Engmaulfrösche und andere Froscharten setzen sogar ihren Laich, also die Eier, in den Fallen von Kannenpflanzen ab. Bis zu hundert Kaulquappen können sich dann in einer einzigen Kanne entwickeln.

Von immer mehr Tieren wird bekannt, dass sie als Besucher oder auch dauerhaft gemeinsam mit fleischfressenden Pflanzen leben

Eine Höckernatter hat es sich in der Flüssigkeit am Grund einer Kannenpflanze gemütlich gemacht

In und an der Kobralilie leben bestimmte Fliegen, Spinnen und eine Milbenart, die bisher überhaupt nur im Inneren der Fangschläuche dieser Pflanzenart gefunden wurde. Selbst auf einem Fettkraut ist eine Milbenart zu Hause: Sie ist so klein, dass sie zwischen den klebrigen Leimtropfen durchwuseln kann.

Ein frisch umgewandeltes, winziges Jungtier des Kannenpflanzen-Engmaulfroschs klettert aus einer Blattfalle. In der Flüssigkeit kannst Du noch darin lebende Kaulquappen erahnen.

Der Kerangas-Buschfrosch kommt mit Kannenpflanzen nicht nur ebenfalls prima zurecht, sondern legt auch seine Eier darin ab

Bedrohte Überlebenskünstler

Leider sind extrem viele fleischfressende Pflanzen vom Aussterben bedroht. Das hat verschiedene Ursachen, die aber überwiegend vom Menschen verschuldet sind. Das größte Problem dabei ist, dass wir ihre Lebensräume zerstören, indem wir zum Beispiel Moore entwässern und Regenwälder abholzen. Auch Umweltverschmutzung und Klimawandel bedrohen viele Arten. Einige werden zudem gezielt gesammelt, um sie an Liebhaber solcher Pflanzen zu verkaufen.

Sämtliche Arten, die in den deutschsprachigen Ländern vorkommen, sind bedroht und stehen daher unter strengem Schutz. Es ist also verboten, sie auszugraben oder zu zerstören. Bei uns gibt es mehrere Arten der Wasserschläuche, zwei Arten der Fettkräuter, drei Arten Sonnentaue und die Wasserfalle.

Um dafür zu sorgen, dass fleischfressende Pflanzen auch dann noch existieren, wenn Deine eigenen Kinder und Enkelkinder mal groß sind, müssen wir also vor allem ihre Lebensräume schützen. Wir müssen aufhören, die Umwelt zu verändern, zu verschmutzen und das Klima negativ zu beeinflussen.

Fleischfressende Pflanzen in der Natur sehen

Auch bei uns in Deutschland kannst Du fleischfressende Pflanzen finden. Bleibe dabei auf den ausgewiesenen Wegen und grabe auf keinen Fall welche aus, denn sie stehen unter Schutz!

Gute Chancen hast Du auf Lehrpfaden, die durch Moore verlaufen, auch in manchen Feuchtgebieten und Gebirgen. Erkundige Dich am besten bei Deinem örtlichen Naturschutzverband oder der Gesellschaft für Fleischfressende Pflanzen (im Internet unter www.carnivoren.org), wo in Deiner Nähe es Vorkommen gibt, ob dort Führungen angeboten werden oder ob Du vielleicht sogar bei Schutzprojekten mitarbeiten darfst. Außerdem kannst Du in botanischen Gärten hervorragend fleischfressende Pflanzen beobachten. Oft bieten sie sogar eigens „Botanikschulen" für Kinder und Jugendliche an. Eine Übersicht findest Du im Internet unter www.verband-botanischer-gaerten.de

Noch immer werden Moore und andere Lebensräume fleischfressender Pflanzen zerstört

Nützliche Helfer des Menschen

Schon aus Eigennutz sollten wir dafür sorgen, dass fleischfressende Pflanzen nicht von unserem Planeten verschwinden: Sie produzieren nämlich viele Substanzen, die uns Menschen im Kampf gegen Krankheiten helfen können! Das wussten Menschen aus den Gebieten, in denen solche Pflanzen wachsen, teils schon seit sehr langer Zeit, so etwa nordamerikanische oder indische Ureinwohner. Auch heute noch verwenden dort lebende Menschen die Pflanzen zu Heilzwecken.

Moderne Wissenschaftler suchen nach Methoden, daraus wirksame Medikamente zu entwickeln. Sonnentau beispielsweise hilft unter anderem bei Lungen- und Herzkrankheiten. Die Substanz Plumbagin aus Sonnentau könnte einmal eine wichtige Rolle dabei spielen, Medikamente gegen Bakterien und Pilze, Tuberkulose, Lungenentzündung, Asthma, Krebs und viele andere Krankheiten zu entwickeln – das Gleiche trifft auf Stoffe aus weiteren Arten fleischfressender Pflanzen zu.

In Indien und einigen anderen Ländern werden fleischfressende Pflanzen aber auch noch für ganz andere Zwecke eingesetzt. Dort ursprünglich lebende Volksgruppen verwenden die Lianen von Kannenpflanzen als

Substanzen aus verschiedenen fleischfressenden Pflanzen können uns dabei helfen, wichtige Medikamente herzustellen

Hier erntet ein Junge Kannenpflanzen, die als „Verpackung“ für ein Reisgericht dienen sollen

Im Hintergrund wird das Reisgericht gekocht, vorne liegen schon Fallenblätter von Kannenpflanzen als Behälter dafür bereit

Die mit dem leckeren Gericht gefüllten Kannen sind sehr beliebt und lassen sich gut verkaufen

Seile zum Hausbau und um daraus nützliche Alltagsgegenstände zu flechten, wie Halterungen für Pfannen, Teller und Kerzen, aber auch Fischfallen, Hühnerkäfige und Transportkäfige für Schweine. Die Flüssigkeit von Kannen, die sich noch nicht geöffnet haben, wird auch gerne getrunken. Aus der Rinde der Lianen lässt sich ein Sud herstellen, um damit Dinge schwarz zu färben.

Wenn sich Ureinwohner dort für mehrere Tage in den Wald begeben, um zu jagen oder Honig zu sammeln, nehmen sie Reis und Salz mit – in großen Kannen fleischfressender Pflanzen. Darin können sie auch Wasser, Reis und Gemüse kochen. Das Essen nimmt dann von den Kannen einen besonderen Geschmack an. Auch auf Borneo wissen das Einheimische noch zu schätzen und bereiten in den Kannen ein leckeres Reisgericht zu.

Wasserschläuche sind essbar und reich an Nährstoffen. Das gilt ebenso für die Wurzeln von Sonnentauen, die von Ureinwohnern in Australien verzehrt werden. In Norwegen gibt man Blätter eines Fettkrauts in Kuhmilch, woraufhin daraus eine dicke, schmackhafte Sauermilch entsteht.

Außerdem sind fleischfressende Pflanzen spannende Vorbilder für die Bionik, also Technik nach dem Vorbild der Natur. Der Schnellmechanismus von Venusfliegenfalle und Wasserfalle inspiriert Ingenieure dazu, neuartige Ventile zu entwickeln. Klebefallen beflügeln die Entwicklung umweltfreundlicher Klebstoffe. Und die Oberflächen von Kannenpflanzen liefern neue Ideen, um Oberflächen zu verwirklichen, an denen nichts haften bleibt.

Für Menschen ist die Flüssigkeit mancher Kannenpflanzen trinkbar

Massenhafte Vermehrung

Wissenschaftler haben Methoden entwickelt, um bestimmte Arten fleischfressender Pflanzen massenhaft zu vermehren. Seltene, bedrohte Arten könnten so vor dem Aussterben bewahrt werden. Aber damit wollen die Forscher auch genügend Pflanzen haben, um daraus medizinisch wertvolle Substanzen zu gewinnen.

Wissenschaftler züchten verschiedenste Arten fleischfressender Pflanzen, um aus Wirkstoffen daraus Medikamente zu entwickeln

Hättest Du Lust, so einen Kannenpflanzen-Snack mal zu probieren?

Extra: Fleischfressende Pilze

Pilze sind weder Pflanzen noch Tiere, sondern ein eigenes Reich von Lebewesen. Wie bei Pflanzen, so ist es auch bei Pilzen eine große Ausnahme, dass sie tierische Beute machen: Erst von etwas über 200 Arten ist das bekannt – nicht gerade viel angesichts der Tatsache, dass bereits rund 150 000 Pilzarten beschrieben wurden und es wahrscheinlich ein Vielfaches dieser Zahl an noch unbekannten Arten gibt. Entwickelt hat sich die fleischfressende Lebensweise bei Pilzen schon vor rund 200 Millionen Jahren – wie bei den Pflanzen als Anpassung an eine Umwelt, die arm an Nährstoffen ist.

Allerdings ist es nicht der Fruchtkörper, den Du als Pilz kennst und vielleicht sogar gerne auf Deiner Pizza isst, der Tiere fängt. Vielmehr stellen die unterirdisch wachsenden, dünnen Pilzfäden, die Hyphen, der Beute nach. Sie sind oft klebrig und können damit Rädertierchen und andere winzige Lebewesen fangen und dann verdauen. Dazu bilden sie teils sogar regelrechte Klebenetze aus.

Oder sie haben eine Technik auf Lager, die zwar auch Menschen anwenden, die jedoch fleischfressende Pflanzen nicht entwickelt haben: Sie legen Schlingfallen. Die Hyphen bilden zu diesem Zweck winzige Schlingen. Kriecht ein Fadenwurm durch solch eine Schlinge, zieht diese sich bei manchen Pilzarten sogar zu und hält das Opfer auf diese Weise gefangen. Das geschieht, indem die Zellen, die die Schlinge bilden, in nur einer Zehntelsekunde auf das Dreifache anschwellen. Wenn der Fadenwurm zappelt, um sich zu befreien, wird sein hinteres Ende oft noch von einer zweiten Schlinge gefangen. Auch Amöben, Rädertierchen und selbst Springschwänze zählen manchmal zur Beute.

So sieht eine Pilz-Schlingenfalle unter dem Elektronenmikroskop aus

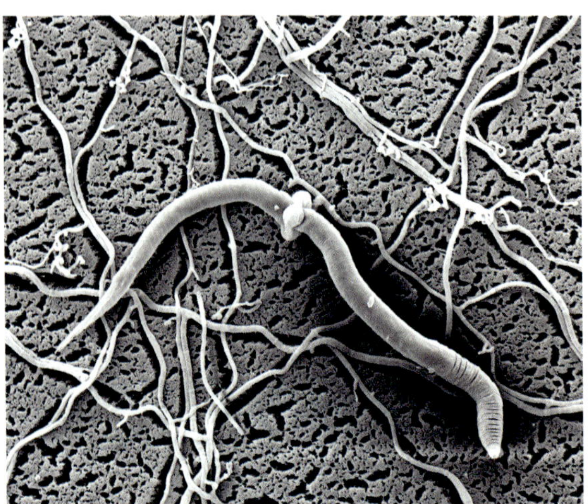

Und hier hat eine solche Schlinge sich zugezogen und dadurch einen Fadenwurm erbeutet

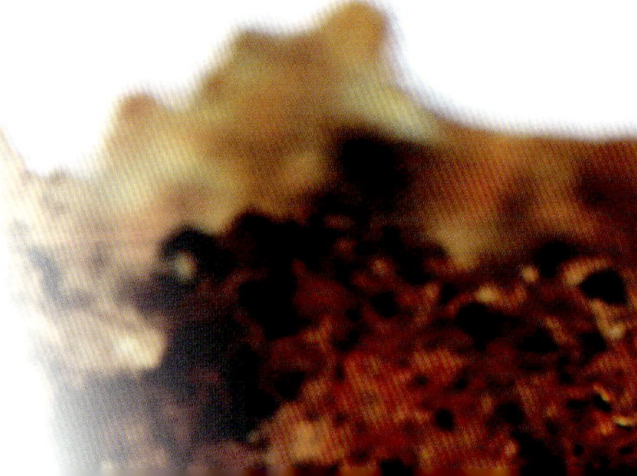

Andere Arten, darunter die leckeren Seitlinge, locken Fadenwürmer mit speziellen Duftstoffen an. Kommen die Würmchen an die Hyphen, geben diese Giftstoffe ab, die den Wurm lähmen. Nun können Hyphen durch seine Mundöffnung in den Wurm wachsen und ihn verdauen.

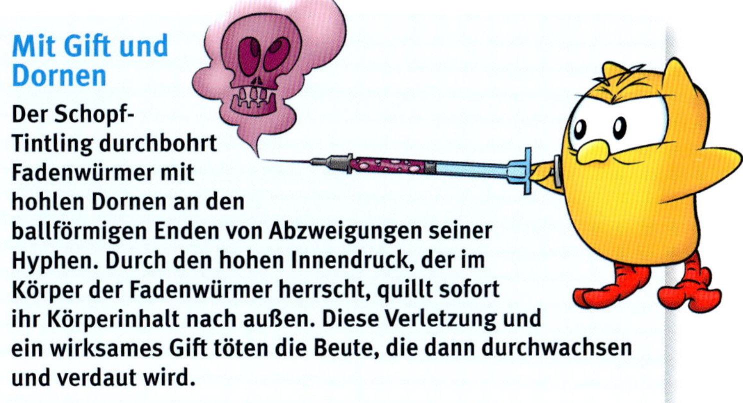

Mit Gift und Dornen

Der Schopf-Tintling durchbohrt Fadenwürmer mit hohlen Dornen an den ballförmigen Enden von Abzweigungen seiner Hyphen. Durch den hohen Innendruck, der im Körper der Fadenwürmer herrscht, quillt sofort ihr Körperinhalt nach außen. Diese Verletzung und ein wirksames Gift töten die Beute, die dann durchwachsen und verdaut wird.

Seitlinge locken Fadenwürmer mit Duftstoffen an und lähmen sie mit Gift

Extra: Fleischfressende Pflanzen zu Hause

Fleischfressende Pflanzen sind an ganz spezielle Umweltbedingungen angepasst. Sie zu Hause erfolgreich zu halten, ist darum nicht so einfach wie bei vielen anderen Pflanzen. Aber inzwischen werden von bestimmten Arten unzählige, teils ziemlich robuste Sorten gezüchtet. So gibt es von der Venusfliegenfalle Varianten mit besonders großen Fangblättern, schönen Färbungen oder Veränderungen der „Randgitter". Spezialisierte Gärtnereien bieten eine reiche Vielfalt an – lass Dich am besten ausführlich beraten, ehe Du zugreifst.

Solche Pflanzen kannst Du an einem hellen Fenster halten, in einem Terrarium mit sehr heller Beleuchtung oder manche Arten auch im Freien, am besten in einem Moorbeet.

Leicht zu bekommen sind robuste Sorten der Venusfliegenfalle. Sie mögen es sehr sonnig und lieben daher ein Plätzchen an einem hellen Süd- oder Westfenster oder im Wintergarten. Während der warmen Jahreszeit braucht es die Venusfliegenfalle sehr feucht. Der Topf sollte daher immer ein paar Zentimeter im Wasser eines breiten Untersetzers stehen. Gieße bei Bedarf nicht die Pflanze selbst, sondern immer nur in den Untersetzer. Weil sie hohe Luftfeuchtigkeit mag, kannst Du sie auch in einem offenen Glasgefäß pflegen, etwa einem Aquarium. Im Winter braucht sie eine kühle Phase, dann solltest Du sie an ein helles Kellerfenster stellen. Ihr Bodengrund sollte jetzt nur noch leicht feucht sein.

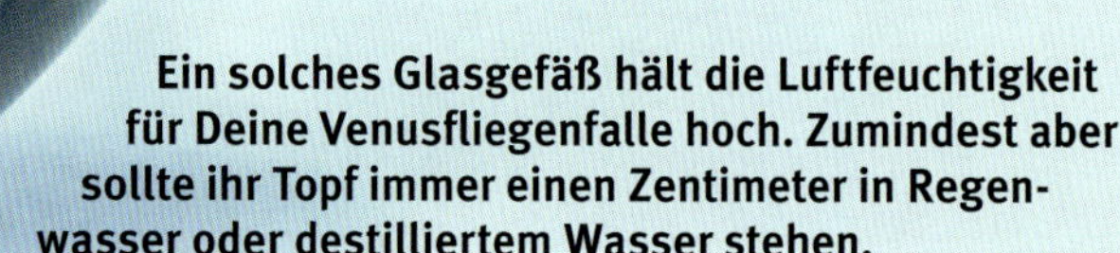

Ein solches Glasgefäß hält die Luftfeuchtigkeit für Deine Venusfliegenfalle hoch. Zumindest aber sollte ihr Topf immer einen Zentimeter in Regenwasser oder destilliertem Wasser stehen.

Auch wenn es sehr reizvoll ist: Füttere Deine fleischfressenden Pflanzen nicht oder wenigstens nicht oft. Sie werden von selbst so viel Beute fangen, wie sie brauchen. Zu viel Beute dagegen kann ihnen schaden. So hast Du ja schon gelesen, dass die Fangblätter der Venusfliegenfalle absterben, wenn sie sich ein paarmal geschlossen haben. Du solltest sie also auch nicht ohne Beute dazu reizen, sich zu schließen. Natürlich wirst Du den Fangvorgang mal beobachten wollen, das ist ja schließlich hochinteressant! Aber übertreib es nicht ... Wichtig ist auch noch zu wissen, dass tot verfütterte Insekten meist nicht verdaut werden, sie verschimmeln einfach.

Ebenfalls nicht allzu schwierig zu pflegen sind der Kap-Sonnentau, der Nestartige Sonnentau, Alicias Sonnentau, Fettkrautsorten wie *Pinguicula*-Hybriden oder robuste Schlauchpflanzen wie die Papageien-Schlauchpflanze und Hybriden. Hybriden sind Kreuzungen verschiedener Arten. Schlauchpflanzen stehen zumindest in der warmen Jahreszeit am liebsten draußen, gerne in voller Sonne. Und beim Fettkraut darf der Unterteller auch mal kurz austrocknen. Ansonsten ähneln die Haltungsbedingungen der erwähnten Pflanzen denen der Venusfliegenfalle. Viel Spaß und Erfolg mit diesen spannenden Pflanzen!

Wichtig!

Wichtig sind bei den allermeisten Arten vier Faktoren: viel Licht, viel Wasser, gute Belüftung und nährstoffarmer, luftiger Boden. Das Gießwasser sollte am besten unbelastetes (!) Regenwasser sein, auch destilliertes oder deionisiertes Wasser eignet sich. Lediglich einige robuste Fettkräuter vertragen auch Leitungswasser.

Viele Fettkräuter sind nicht schwierig zu pflegen und bereiten viel Freude!

Großes Quiz zu fleischfressenden Pflanzen

Du weißt jetzt sehr viel über fleischfressende Pflanzen, ja, Du bist ein richtiger Experte auf diesem Gebiet geworden! Wenn Du Lust hast, kannst Du einmal ausprobieren, was Du Dir alles gemerkt hast. Kreuze bei jeder Frage eine oder mehrere Antworten mit dem Bleistift an – manchmal sind auch mehrere korrekt. Schau am Schluss auf Seite 64 nach, ob Du richtig getippt hast. Und nun viel Spaß!

1. Fleischfressende Pflanzen wachsen ...

a) ... meist in nährstoffreicher Umgebung ... ❍
b) ... meist in nährstoffarmer Umgebung ... ❍
c) ... nur in Mooren ... ❍

2. Eine bekannte Art mit einer schlauchförmigen Gleitfalle heißt ...

a) ... Kobralilie ... ❍
b) ... Vipernveilchen ... ❍
c) ... Klapperschlangenkanne ... ❍

3. Womit locken Pflanzen mit Gleit- oder Fallgrubenfallen ihre Beute an?

a) Mit Nektar und Duft ... ❍
b) Mit Farben ... ❍
c) Mit Fluoreszenz ... ❍

4. Wie helfen manche Fallgrubenpflanzen nach, damit die Beute in die Falle plumpst?

a) Sie katapultieren sie mit einem beweglichen Tentakel hinab ... ❍
b) Sie kleben sie erst am Rand fest und lassen sie dann hinabfallen ... ❍
c) Sie betäuben sie durch Substanzen, die sie absondern ... ❍

5. Wie verdauen fleischfressende Pflanzen ihre Beute?

a) Sie sondern Verdauungssäfte ab ... ❍
b) Sie zerkleinern sie durch reibende Bewegungen ... ❍
c) Sie lassen sich von Bakterien, Pilzen, Algen und Tieren helfen ... ❍

6. Was macht die Ampullen-Kannenpflanze so besonders?

a) Sie kann besonders große Beute fangen ❍
b) Sie ernährt sich überwiegend von Termiten ... ❍
c) Sie ernährt sich vor allem von Falllaub .. ❍

7. Mit welchem Fallentyp jagen Wasserschläuche?

a) Reusenfallen ... ❍
b) Klappfallen ... ❍
c) Saugfallen ... ❍

8. Was fangen Wasserschläuche neben Tieren noch?

a) Algen und Pollen ... ❍
b) Samen und Keimlinge ... ❍
c) Moose und Farne ... ❍

9. Eine bekannte Gruppe fleischfressender Pflanzen sind die ...

a) ... Fettkräuter ... ❍
b) ... Speckkräuter ... ❍
c) ... Butterkräuter ... ❍

10. Welche fleischfressenden Pflanzen jagen „im Rudel"?

a) Manche Kannenpflanzen ... ❍
b) Manche Sonnentaue ... ❍
c) Manche Wasserschläuche ... ❍

11. Welches ist die größte fleischfressende Pflanze der Welt?

a) Die Kobralilie ❍
b) Das Hakenblatt ❍
c) Humboldts Wasserschlauch ❍

12. Welche Pflanze ist nur in einem bestimmten Stadium fleischfressend?

a) Der Kap-Sonnentau ❍
b) Das Hakenblatt ❍
c) Die Rajah-Kannenpflanze ❍

13 Wann schnappt das Fangblatt der Venusfliegenfalle zu?

a) Sobald eine Beute das Blatt ganz leicht berührt ❍
b) Wenn eine Beute vom süßen Saft nascht, den die Pflanze anbietet ❍
c) Wenn Haare auf der Innenseite in kurzer Zeit mindestens zweimal umgeknickt werden ❍

14. Wie nennt man eine Partnerschaft verschiedener Tierarten, von der alle Beteiligten Vorteile haben?

a) Symbiose ❍
b) Diagnose ❍
c) Badehose ❍

15. Manche Kannenpflanzen leben sozusagen als ...

a) ... Waschbecken ❍
b) ... Toilette ❍
c) ... Abfluss ❍

16. Wie viele fleischfressende Pflanzen können auch dem Menschen gefährlich werden?

a) Gar keine Art ❍
b) Nur drei besonders große Kannenpflanzen ❍
c) Nur ein Baum mit Fangtentakeln aus Madagaskar ❍

17. Durch welche Ursachen sind viele fleischfressende Pflanzen bedroht?

a) Zerstörung ihrer Lebensräume ❍
b) Umweltverschmutzung ❍
c) Absammeln ❍

18. Welche Fangmethode haben nur fleischfressende Pilze entwickelt?

a) Klebefallen ❍
b) Klappfallen ❍
c) Schlingenfallen ❍

19. Wozu können fleischfressende Pflanzen uns Menschen dienen?

a) Zum Essen und zur Entwicklung von Arzneien ❍
b) Um sie als Fallen für größere, essbare Tiere wie Kaninchen zu benutzen ❍
c) Um daraus einen Bio-Treibstoff zu gewinnen ❍

20. Was brauchen fast alle fleischfressenden Pflanzen zu ihrer erfolgreichen Pflege?

a) Reichlich Regenwasser oder destilliertes Wasser ❍
b) Sehr viel Licht ❍
c) Nährstoffarmen Boden ❍

Lösungen zum fleischfressenden-Pflanzen-Quiz:

1) b: Fleischfressende Pflanzen wachsen in der Regel in nährstoffarmer Umgebung.

2) a: Die Kobralilie ist eine bekannte Pflanze mit einer schlauchförmigen Gleitfalle.

3) a, b und c: Je nach Art locken Fallgrubenpflanzen ihre Beute mit Nektar und Duft, verschiedenen Farben und fluoreszierenden Rändern ihrer Kannen.

4) c: Manche Fallgrubenfallen geben Substanzen ab, die ihre Beute betäuben.

5) a, c: Fleischfressende Pflanzen sondern Verdauungssäfte ab und/oder lassen sich durch andere Lebewesen bei der Verdauung helfen.

6) c: Die Ampullen-Kannenpflanze „fängt“ jede Menge Falllaub und gewinnt daraus Nährstoffe.

7) c: Wasserschläuche fangen ihre Beute mit Saugfallen.

8) a: Neben Tieren gelangen auch Pollen und Algen in die Fallen von Wasserschläuchen und werden dort verdaut.

9) a: Manche Fettkräuter sind auch in Mitteleuropa heimisch.

10) b: Bei bestimmten Sonnentauen wurde beobachtet, dass benachbarte Pflanzen gemeinsam größere Beute festhalten können als einzelne Pflanzen.

11) b: Das Hakenblatt kann als Liane über 50 Meter lang werden, teils bis zu 70 Meter.

12) b: Und noch einmal war Antwort „b, das Hakenblatt“, richtig: Sie bildet nur in einem bestimmten Jugendstadium Klebefallen.

13) c: Normalerweise müssen Härchen innen im Blatt innerhalb weniger Sekunden mindestens zweimal umgeknickt werden, damit die Falle zuschnappt.

14) a: Eine Partnerschaft verschiedener Arten, aus der alle Vorteile haben, heißt Symbiose.

15) b: Manche Kannenpflanzen sind sozusagen „Toiletten“ für Spitzhörnchen, Ratten oder Fledermäuse und ernähren sich von deren Kot, den sie als Dünger verwenden.

16) a: Keine einzige fleischfressende Pflanze kann Menschen erbeuten.

17) a, b, c: Die Zerstörung ihrer Lebensräume, Umweltverschmutzung und das Absammeln zählen zu den wichtigsten Faktoren, die fleischfressende Pflanzen bedrohen.

18) c: Schlingenfallen kennen wir nur von Pilzen, nicht von Pflanzen.

19) a: Manche fleischfressenden Pflanzen sind essbar, vor allem aber liefern sie Substanzen, aus denen sich Medikamente herstellen lassen.

20) a, b, c: Leitungswasser tötet die meisten fleischfressenden Pflanzen (außer Fettkräuter). Sie brauchen daher Regenwasser oder destilliertes Wasser, viel Licht und nährstoffarmen Boden.

Entdecke die Reihe mit der Eule!

Entdecke die Eulen

Entdecke die Greifvögel

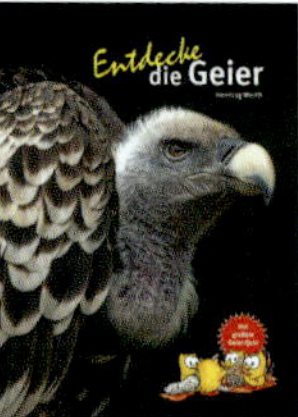
Entdecke die Geier

Entdecke die Rabenvögel

Entdecke die Spechte

Entdecke die Finken

Entdecke die Spatzen

Entdecke die Eisvögel

Entdecke die Zugvögel

Entdecke die Singvögel

Entdecke die Meisen

Entdecke die Kraniche

Entdecke die Störche

Entdecke Schwäne, Gänse & Enten

Entdecke die Möwen

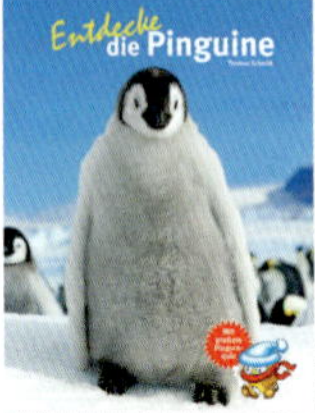
Entdecke die Pinguine

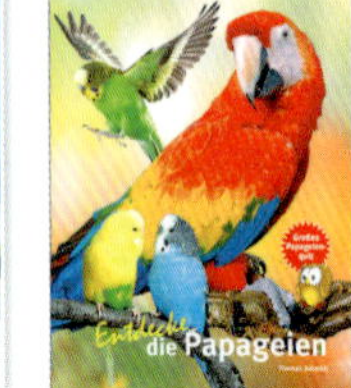
Entdecke die Papageien

Entdecke die Kolibris

Entdecke die Fledermäuse

Entdecke die Hunde

Entdecke die Schafe

Entdecke die Kühe

Entdecke die Pferde

Entdecke die Esel

Entdecke die Igel

Entdecke die Maulwürfe

Entdecke die Waschbären

Entdecke die Biber

Entdecke die Otter

Entdecke heimische Wildtiere

Entdecke die Wölfe

Entdecke die Bären

Entdecke die Tiger

Entdecke die Menschenaffen

Entdecke Affen und Lemuren

Entdecke die Hyänen

Entdecke die Pandas

Entdecke die Elefanten

Entdecke die Nashörner

Entdecke die Giraffen

Entdecke die Erdmännchen

Natur und Tier - Verlag GmbH
An der Kleimannbrücke 39/41 · 48157 Münster
Telefon: 0251 - 13339-0 · Fax: 0251 - 13339-33
E-Mail: verlag@ms-verlag.de · www.ms-verlag.de